Abhandlungen

des

kriminalistischen Seminars

an der Universität Berlin.

Herausgegeben

von

Dr. Franz v. Liszt,

ord. Professor der Rechte zu Berlin.

Neue Folge. Vierter Band. 2. Heft.

Walter Lehmann: Über die Vermögensstrafen des römischen Rechts.

Berlin 1904.

J. Guttentag, Verlagsbuchhandlung,

G. m. b. H.

Über die Vermögensstrafen

des römischen Rechts.

Eine rechtshistorische Studie

von

Dr. Walter Lehmann,
Gerichtsassessor in Berlin.

Berlin 1904.
J. Guttentag, Verlagsbuchhandlung,
G. m. b. H.

Inhaltsverzeichnis.

§ 1.

Die Vermögensstrafen im allgemeinen.[1])

Wenn man die Geschichte des römischen Strafrechts bis in seine Uranfänge hinauf verfolgt, so begegnet man auch hier jener Erscheinung, deren Vorkommen in der Geschichte einer ganzen Reihe anderer Rechte festzustellen ist: der Tatsache, daß das Strafrecht aus zwei völlig verschiedenen Quellen emaniert; nämlich einmal aus der Befugnis der Träger oberster Gewalten, ihren Geboten durch Androhung und Verhängung von Strafen Achtung und Gehorsam zu verschaffen; und zum zweiten aus derjenigen Tätigkeit des staatlichen Gemeinwesens, welche darauf abzielt, Schädigungen der allgemeinen sozialen Güter und Interessen durch Androhung und Verhängung von Übeln und Nachteilen zu verhüten oder zu vergelten. Wie in den meisten entwickelten Rechten, zeigen sich nebeneinander das Verwaltungsstrafrecht und das kriminelle Strafrecht; und auch in der Geschichte des römischen Gemeinwesens läßt sich die Parallelität beider Erscheinungen bis hin zu den ersten Anfängen einer planmäßigen Verwendung der Strafe überhaupt verfolgen.

Die Quellen des römischen Rechts lassen es als unzweifelhaft erscheinen, daß der Ursprung des römischen Strafrechts überhaupt in der magistralen Strafgewalt zu suchen ist. In den

---

[1]) Vgl. hierzu: Bruns: Fontes iuris Rom. ant. 2. Bd. 1893; der 1. Band cit. als Bruns; Geib, Geschichte des röm. Krim.-Proz. 1842; Rein, röm. Krim.-Recht 1844; Platner, Quaestiones de iure crim. Rom. 1847; Zumpt, Kriminalrecht der röm. Republ. 1865/69; Karlowa, Röm. Rechtsgesch. I, 1885; Pernice, Labeo Bd. II 1898/99; Mommsen, Röm. Strafrecht 1899; Leist, Gräko-Italische Rechtsgeschichte 1884; Ihering, Geist des röm. Rechts 1891; Henriot, moeurs juridiques et judiciaires de l'ancienne Rome 1865.

Gesetzen der Königszeit erscheinen der König und neben ihm gewisse Beamte als die einzigen Träger der Strafgewalt, und diese wiederum als der Ausfluß ihrer allgemeinen Amtsbefugnis. Der Übergang zur republikanischen Staatsform, und der Wunsch, Garantien gegen etwaige Übergriffe der Beamten zu schaffen, brachte eine konsequent durchgeführte Einengung der magistratischen Gewalt mit sich. So beschränkte sich diese allmählich auf einen immer engeren Kreis, dessen Inhalt bis ins einzelne bestimmt wurde. Alles, was darüber hinausragte, verdichtete sich im Laufe der Zeit zu dem Gebilde des öffentlichen Strafrechts. Die magistrale Strafgewalt wurde in ihre beiden Teile zerlegt: in die Befugnis, Strafen wegen Nichtbefolgung magistraler Gebote zu verhängen und in die, Strafen wegen Verletzung allgemeiner Interessen aufzuerlegen. Jene Tätigkeit charakterisiert sich als eine Verwaltungstätigkeit, diese als Ausübung der Jurisdiktion, ein Unterschied, dessen sich die römischen Juristen wohl bewußt waren,[1]) und der, wenigstens in älterer Zeit, auch terminologisch in der Verwendung der beiden Ausdrücke multa und poena erkennbar hervortritt, wovon später noch zu handeln sein wird. Aber während die magistrale Coercition im wesentlichen uneingeschränkt blieb, weil man sie als Ausfluß der Amtsgewalt betrachtete,[2]) so zieht sich durch die fünf Jahrhunderte, während welcher Rom unter der republikanischen Staatsform lebte, wie ein roter Faden das Bestreben, die Jurisdiktionsgewalt der Beamten zu Gunsten der Macht des Volkes als ganzen einzuengen und zu binden. Das zeigt ein Blick auf die wichtigsten Gesetze strafrechtlichen Inhalts dieser Zeit. Das Valerische Pro-

---

[1]) Cicero de leg. 3,3 unterscheidet: magistratus nec oboedientem et innoxium civem multa vinclis verberibus coerceto, ni par maiorve potestas populusve prohibuisset, ad quos provocatio esto, und: cum magistratus indicasset irrogassitve per populum multae poenae certatio est. Man pflegt daher von magistraler Koercition und magistraler Jurisdiktion zu sprechen. Vgl. D. 1, 2, 2, 16: qui (sc. consules) tamen ne per omnia regiam potestatem sibi vindicarent, lege lata factum est, ut ab eis provocatio esset neve possent in caput civis Romani animadvertere iniussu populi (= Kriminaljurisdiktionsgewalt): solum relictum est illis, ut coercere possent et in vincla publica duci iuberent (= Koerzitionsgewalt).

[2]) Vgl. D. 1, 21, 5. 1, 50, 16, 131, 1.

vokationsgesetz schafft die Berufung an das Volk: ne quis magistratus civem Romanum adversus provocationem necaret neve verberaret,[1]) eine beim Volk mit außerordentlichem Beifall aufgenommene Bestimmung.[2]) Das im J. 493 v. Chr. G. geschaffene Institut der Tribunen diente durch Verleihung der Intercessionsgewalt an die neuen Beamten einer Beschränkung der disziplinären Strafgewalt.[3]) Das Publilische Gesetz v. J. 472 verlegte die Entscheidung des Volkes von den Centuriatkomitien, in denen der Vorsitzende einen entscheidenden Einfluß hatte,[4]) in die Tributkomitien. Die lex Aternia Tarpeia gibt allen Beamten das Verwaltungsstrafrecht, welches, wenigstens nach dem Berichte des Dionysius, bis dahin nur den Konsuln zugestanden hatte.[5]) Die XII Tafeln hoben weder das Publilische noch das Aternisch-Tarpejische Gesetz auf. Dagegen zeigen eine ganze Reihe weiterer Gesetze die gleiche Tendenz, die Jurisdiktion der Beamten insbesondere durch Ausdehnung des Provokationsrechts und durch Stärkung der Volkstribunen zu beschränken; so das 2. und 3. Horatisch-Valerische Gesetz, die lex Sempronia,[6]) die lex Acilia über Amtsverbrechen und das Gesetz des Tribunen C. Servilius Glaucia über die gleiche Materie,

Ist in der Beschränkung der magistralen Jurisdiktion zu Gunsten des Volkes bezw. der von diesem zur speziellen Handhabung der Rechtspflege eingesetzten Organe eine Quelle des römischen Strafrechts zu erblicken, so ist sie gleichwohl nicht die einzige. Die magistrale Judikation erstreckte sich natur-

---

[1]) Cicero de rep. 2, 31. Ausführlicher noch über den Inhalt Dion. 5, 19.

[2]) Livius 2, 8. Über die Wirkung des Gesetzes vgl. des konservativen App. Claudius Kritik. Liv. 2, 29.

[3]) Vgl. die Fälle Livius 3, 24; 59. 4, 50.

[4]) Vgl. Zumpt I, 1, 305.

[5]) 10, 50. Dieser Ausspruch ist in seiner Allgemeinheit wohl nicht richtig; denn eine ganze Anzahl Beispiele lehren, daß insbesondere den Tribunen von jeher eine Strafgewalt zugestanden hat. Diese Strafgewalt mag Dionysius aber als eine außerordentliche angesehen haben, und es wird mit Zumpt (I, 1, 315) anzunehmen sein, daß Dionysius nur von der ordentlichen Strafgewalt gesprochen hat, welche nunmehr jedem Beamten als solchem verliehen wurde.

[6]) Vgl. hierzu Zumpts ausführliche Darlegungen über Inhalt und Wirkungen des Gesetzes. I, 1, 70ff. I, 2, 54ff.

gemäß nur auf diejenigen Delikte, welche den Bestand des Staates, den öffentlichen Frieden, die Wohlfahrt des ganzen Volkes bedrohten. Sie befaßte sich nicht aus eigenem Antriebe mit denjenigen Straftaten, welche nur in die Rechtssphäre des einzelnen eingriffen. Wie nun die Einreihung der Privatdelikte in den Kreis des allgemeinen Strafrechts erfolgt ist, läßt sich auch für das römische Recht zwar nicht mit absoluter Gewißheit feststellen; jedoch ist die Entwicklung hier offenbar die gleiche gewesen, wie in den Rechten anderer Völker. Auch hier sind die Marksteine: Blutrache — vom Richter angeordnete Talion — Komposition — zwangsweise Komposition — Strafe. Ob in gewissen Bestimmungen des älteren römischen Rechts — in der Befugnis, den fur nocturnus zu töten, den Verführer der Frau zu strafen, in der addictio des fur manifestus an den Bestohlenen[1]) — Überreste der Privatrache zu erblicken sind, kann zweifelhaft sein.[2]) Dagegen ist die Anwendung der Talion, d. h. Zufügung des gleichen Übels an den Delinquenten[3]) zugleich mit der Anwendbarkeit der Komposition, d. h. dem Vergleich zwischen Verletztem und Täter in der Bestimmung der XII Taf. überliefert: Si membrum rupsit, ni cum eo pacit, talio esto.[4]) Eine Zwangskomposition ist also für diesen Fall der schweren Körperverletzung noch nicht bekannt;[5]) und aus der Zulässigkeit der Talion, die ja nichts anderes als eine staatlich geregelte Blutrache ist, ergibt sich von selbst der Rückschluß auf die früheren Zeiten der Selbsthilfe und Blutrache. Die zunächst in das

---

1) Zweifelhaft, ob als Sklaven oder adiudicatus, Gaius III, 189; Ihering I, 130 A. 30.

2) Bejahend Ihering a. O.; verneinend Zumpt I, 1, 126 u. A. 70. Das. Literaturnachweis.

3) Isidorus V, 27: Talio est similitudo vindictae, ut taliter quis patiatur, ut fecit. Hoc enim et natura et lege institutum est, ut laedentem similis vindicta sequatur. Festus s. v. talionis: talionis . . . permittit enim lex parem vindictam. Talio stammt vom indogermanischen Stamme tul (abwägen, gleichmachen): τάλαντον Wage, talio Gleichmachung, Wiedervergeltung. Leist 310 A.w.

4) Eine entsprechende Bestimmung bestand wohl auch für das furtum: nam et de furto pacisci lex permittit. D. 2, 14, 7, 14.

5) Wohl aber für andere Fälle: manu fustive si os fregit Libero, CCC, servo CL Poenam subito. Si iniuriam faxit, viginti quinque poenae sunto.

Belieben des Verletzten gestellte Komposition verwandelte sich dann offenbar dadurch, daß der Richter bei übermäßigen Forderungen des Verletzten die Höhe der Kompositionssumme fixierte, in eine zwangsweise Komposition;[1]) schließlich stellte man entweder eine Tabelle für die Abfindungssummen auf[2]) oder überließ es dem Richter, nach Lage der Sache die Entschädigung zu bestimmen; von einem pacisci der Parteien, der Herbeiführung einer pax[3]), ist jetzt keine Rede mehr; mit der rein äußerlichen Zahlung der Privatstrafe ist die Tat gesühnt, der Schaden wieder gut gemacht. Gleichwohl darf man bei allen Ersatzansprüchen ex delicto den pönalen Charakter der zu leistenden Entschädigung nicht verkennen. Der Umstand, daß zuweilen der Gesetzgeber einfache Reparation des entstandenen Schadens als ausreichende Sühne erachtet oder die Höhe des Ersatzes in bestimmter Weise zu Gunsten des Beschädigten nicht allzu wesentlich modifiziert,[4]) verführt leicht zu einer Verwechs-

---

[1]) Nam si reus, qui depecisci noluerat, iudici talionem imperanti non parebat, aestimata lite iudex hominem pecuniae damnabat. Gell. 20, 1, 38.

[2]) So in den XII t. für gewisse Fälle des Diebstahls und für Injurien.

[3]) Sanskr. Wurzel pac (binden), daher Sanskr. paca Strick. Ihering II, 136 A. 44.

[4]) So bei der lex Aquilia, nach welcher der höchste Wert des vergangenen Jahres zu ersetzen ist, Gaius 3, 210. Auch diese Klage ist eine deliktische, wie Ulpian ausdrücklich bemerkt, D. 9, 2, 11, 2, und die Bestimmung über den Umfang der Haftpflicht wird ausdrücklich als ein Plus gegenüber der Pflicht zum bloßen Schadensersatz bezeichnet: quia non solum tantum quisque obligatur, quantum damni dederit, sed aliquando longe pluris, I. 4, 3, 9. Die alte Rechtssprache bezeichnet übrigens die verhängte Strafe kurzweg mit damnum; damnum (v. dare übereignen, Momms. S. 13, A. 1), griech. δαπάνη, Ausgabe (Leist S. 232 A. m.) ist das, durch dessen Hingabe die Tat paralysiert wird. Tab. XII, 3: Si vindiciam falsam tulit, si velit is . . . . . tor arbitros tris dato, eorum arbitrio . . . fructus duplione damnum decidito. Der Ausdruck damnum ist daher in der Formel der ao. furti manifesti wie nec manifesti beibehalten worden; vgl. Gaius IV, 37: pro fure damnum decidere; vgl. auch Cicero de orat. I, 43: vitia hominum atque fraudes damnis . . . multantur. Der spätere Ausdruck poena, der aber auch schon in den XII. Taf. verwendet wird, ist wohl ein griechisches Lehnwort und hängt mit τίνειν (rächen durch Blut oder Annahme der Wergeldes) zusammen. Indogerm. Wurzel tschi (suchen, rächen); davon τιμή (pretium), τιμᾶν (aestimare. ehren, schätzen); τάξις, τίμημα (Schätzung, Achtung), τίσις (Buße, Achtung). Es wird also bereits nach uralter Anschauung der Begriff des Abfindens, Abzahlens

lung von Strafe und Schadensersatz. Es ist jedoch daran festzuhalten, daß in allen diesen Fällen der Zweck ein Strafzweck, der Schadensersatz aber lediglich das für geeignet erachtete Mittel zu diesem Zweck ist. Nur so erklären sich gewisse, später im einzelnen zu erörternde Eigenheiten dieser deliktischen Ansprüche: die passive Unvererblichkeit, die Solidarhaft mehrerer Täter, die kumulative Konkurrenz mit anderen straf- und zivilrechtlicen Ansprüchen — Eigenheiten, deren Vorhandensein dann andrerseits einen Rückschluß auf die deliktische Grundlage des fraglichen Anspruchs zuläßt.

Das entwickelte römische Strafrecht stellt sich demnach folgendermaßen dar: zu unterscheiden ist zunächst zwischen dem Koercitionsrecht der Beamten auf der einen und dem Kriminalstrafrecht auf der andern Seite. Innerhalb dieses wiederum sind zu unterscheiden die crimina publica und die crimina privata. Jene setzen sich zusammen aus den anfangs der magistralen Jurisdiktion unbeschränkt unterstellten Verbrechen (z. B. perduellio, parricidium) und den durch eine Reihe von Gesetzen geschaffenen Delikten (leges Corneliae de sicariis, testamentaria-nummaria, de maiestate, leges Juliae u. a. m.); entsprechend der Eigenschaft dieser crimina publica als Verletzungen öffentlicher Interessen kann die Anklage von jedem Bürger im Namen der Bürgerschaft erhoben werden; daher der Name.[1]) Zwischen den delicta publica und privata stehen die actiones populares, prätorische oder ädilicische Strafklagen, Klagen aus Munizipalverhältnissen u. a. Schließlich treten neben sie noch die crimina extraordinaria. Diese waren teils aus den Privatdelikten herausgehoben worden, so aus dem furtum, der rapina, der iniuria; denn in der Kaiserzeit konnten Ansprüche auf Privatstrafen nach Wahl des Klägers vor dem Zivilgericht als Privatklagen oder vor dem Strafrichter als außerordentliche

---

mit dem der Rache und Buße in Verbindung gebracht; Leist S. 298 A. l. Andere bringen poena außerdem in Verbindung mit πῦρ (das reinigende), purus, punire. Ihering I, 277. A. 181 b.

[1]) I. 4, 18, 1: Publica autem dicta sunt, quod cuivis ex populo exsecutio eorum plerumque datur.

Strafklagen verfolgt werden;[1]) oder sie waren, gleich dem einen Teil der crimina publica, durch besondere Gesetze geschaffen und sind daher den crimina publica anzureihen, so das crimen receptatorium, der Stellionat, die concussio u. a. m.

Die Vermögensstrafen spielen in allen diesen Teilen des römischen Strafrechts eine außerordentlich wichtige Rolle.

Es kann füglich nicht wunderbar erscheinen, daß insbesondere innerhalb der magistralen Koercitionsgewalt die Vermögensstrafe das hauptsächlichste Strafmittel ist. Der Charakter der Koercitionsgewalt als eines Verwaltungsstrafrechts bringt es mit sich, daß die von ihm umfaßten Delikte sich nicht gegen die Staatssicherheit oder die wichtigsten Güter der Mitbürger wenden, sondern im wesentlichen nur solche Verfehlungen sind, welche in die Amtsführung des betreffenden Beamten hindernd eingreifen. Strafzweck ist deshalb lediglich die Beseitigung derartiger störender Momente. Diesem Zweck entsprechen die Mittel. Kapitalstrafen können nur einzelne höhere Beamte bei gewissen schweren Delikten, insbesondere solchen gegen die militärische Disziplin, verhängen, und auch dann meist nur unter ganz bestimmten strafprozessualen Kautelen.[2]) Dagegen wurde von den Vermögensstrafen ein außerordentlich weitgehender Gebrauch gemacht, und es finden sich unter den Strafmitteln der Beamten fast alle Arten von Vermögensstrafen, wie sich bei der Erörterung der einzelnen Strafen zeigen wird. Auf die Verhängung koercitiver Geldstrafen bezog sich auch speziell die lex Aternia Tarpeia, welche, wie bereits erwähnt, einmal das Multierungsrecht als integrierenden Bestandteil der magistralen potestas überhaupt anerkannte, daneben aber wahrscheinlich auch noch eingehende Bestimmungen über Art und Höhe der Strafen traf.

Ein weiteres fruchtbares Gebiet für die Anwendung der Vermögensstrafen waren die Privatdelikte. Dies mag einen zwiefachen Grund gehabt haben. Hielt man an dem Grundsatz der

---

[1]) Grundsatz D. 47, 1, 3. Beispiele: D. 47, 2, 57, 1. 47, 10, 6; 45. 47, 19, 3.

[2]) Einzelheiten über die Kapitalcoercition der patricischen und tribunicischen Magistrate bei Mommsen. S. 43ff.

Talion fest, so ergab sich von selbst zunächst für jede Vermögensbeschädigung als angemessene Strafe wiederum eine Vermögensbeschädigung; und sobald man anfing, die Strafe nur einigermaßen planvoll zu gestalten, mußte man dazu kommen, dem Täter nicht mehr die gleiche Vermögensbeschädigung zuzufügen, deren er sich schuldig gemacht hatte, sondern ihm eine Strafe durch Wegnahme einer, dem Wert des Schadens entsprechenden, Quantität des allgemeinen Zahlungsmittels und Hingabe dieser an den Verletzten aufzuerlegen. Diese Strafe war leichter zu vollstrecken; sie befriedigte den Anspruch des Verletzten auf Zufügung eines äquivalenten Übels an den Täter und gewährte ihm über die ideelle Genugtuung hinaus einen reellen Ersatz; und sie war schließlich vom nationalökonomischen Standpunkt aus entschieden vorzuziehen, da sie ja keine wirtschaftlichen Werte vernichtete. Und aus dem gleichen Grunde ergab sich für die Delikte, bezüglich welcher eine Zwangskomposition eingeführt wurde, die Anwendung der Vermögensstrafe in all den Fällen, in denen überhaupt eine Vermögensleistung als angemessene Komposition erschien; und es ist wohl nicht anzunehmen, daß jemals ein andrer Kompositionswert, als eine Vermögensleistung, gewählt wurde. Aus diesen Gründen ist die Vermögensstrafe für die Privatklagen dergestalt das vorzugsweise verwendete Strafmittel, daß, wie bereits angedeutet, häufig der pönale Charakter des klägerischen Vermögensanspruchs äußerlich gänzlich verschwindet; und insbesondere bei den durch die prätorischen Edikte geschaffenen Ansprüchen ist es oft mehr als zweifelhaft, ob sie unter die kriminellen oder die zivilrechtlichen zu zählen sind.[1]) Ist doch das Zivilrecht sogar die Quelle gewisser crimina publica gewesen; so verdankt z. B. offenbar das crimen repetundarum seinen Ursprung der in besonderer Prozeßform, nämlich vor den Geschworenen, durchgeführten condictio indebiti,[2]) der somit ganz allmählich der deliktische Charakter zu eigen wurde. Um so flüssiger sind die Grenzen

---

[1]) Vgl. Mommsen S. 525 für die Gräberverletzung und die allgemeine Betrugsklage.

[2]) Mommsen S. 532 A. 1.

zwischen den hier interessierenden Privatklage- und Schadensersatzansprüchen. Auch den klassischen Juristen mag der eigentliche Charakter dieser Ansprüche nicht immer deutlich zum Bewußtsein gekommen sein, denn die Digesten sind die erste Gesetzsammlung, in der die Privatdelikte in das Strafrecht eingereiht sind.

Gleichwohl gibt es, wie bereits oben erwähnt, einige Anhaltspunkte für die Beantwortung der Frage, ob ein bestimmter Vermögensanspruch ein krimineller sei oder nicht. In der Literatur wird stets darauf verwiesen, daß ein entscheidendes Merkmal die passive Unvererblichkeit des Anspruchs sei. Das ist richtig. Ein Grundsatz des römischen Rechts lautet: noxa caput sequitur[1]) und eine Konsequenz dieses Satzes war: poenalibus actionibus heredes non teneri nec ceteros quidem successores.[2]) In all den Fällen also, in welchen der Untergang eines Ersatzanspruchs durch den Tod des Beklagten oder einen anderen Fall der Universalsuccession herbeigeführt wird (z. B. durch Verlust der Zivität), handelt es sich demnach um einen Privatklageanspruch[3]); demnach sind hierher zu zählen: die ao. furti,[4]) die ao. arborum furtim caesarum,[5]) die ao. vi bonorum raptorum,[6]) die ao. iniuriarum.[7]) Die passive Vererblichkeit tritt — was eigentlich dem pönalen Charakter widerspricht — mit der Litiskontestation ein;[8]) offenbar deshalb, weil nach der römischen Auffassung durch die novierende Wirkung der Litiskontestation der ursprüngliche kriminelle Schadensersatzanspruch konsumiert und in einen Anspruch auf Kondemnation umgewandelt wird. Ganz folgerichtig zählt daher auch vom Augenblick der l. c.

---

1) D. 47, 1, 1, 2. Zum Versuch einer philosophischen Begründung dieses Satzes vgl. Ihering a. a. O. U. E. folgt er einfach aus der Natur der noxa als Strafe; denn alle Strafen sind höchstpersönlich; dem Geschädigten bleibt es überlassen, vermittelst der Kondiktionen Ersatz zu suchen; hiervon später.

2) D. 47, 1, 1 pr.

3) Denn die Kontraktsobligationen sind passiv vererblich; D. 44, 7, 12; 49. 50, 17, 157, 2.

4) D. 47, 2, 41, 3. 5) D. 47, 7, 7, 6. 6) D. 47, 8, 2, 27.

7) D. 47, 10, 13 pr.; 15, 14. Sie ist also auch aktiv unvererblich.

8) D. 47, 10, 13 pr.

an der Anspruch aus einem Privatdelikt zu dem Vermögen des Verletzten.[1])

Die passive Unvererblichkeit ist das wichtigste Unterscheidungsmerkmal zwischen zivilrechtlichen und kriminellen Ansprüchen, aber nicht das einzige. Drei weitere lassen sich aus den Quellen ableiten und erklären. Aus der Aufgabe der dem Beklagten auferlegten Leistung, Strafe zu sein, folgt, daß, wenn mehrere zu dem schädigenden Erfolge zusammengewirkt haben, eine solidarische Haftung eintritt und alle Täter mit der betreffenden Klage belangt werden können; denn jeder hat sich des fraglichen Delikts schuldig gemacht und muß dessen Strafe leiden. Das sagen die Quellen ausdrücklich vom Diebstahl und der Beihülfe,[2]) vom Diebstahl und der Hehlerei,[3]) von der Teilnahme am Baumfrevel,[4]) von der Beleidigung und der Anstiftung dazu,[5]) und schon die XII Taf. von mehreren treulosen Vormündern.[6]) Auch die Bezahlung der Strafe durch den einen Täter befreit die anderen nicht, wie sich dies ja aus dem Wesen der Strafe von selbst ergibt.[7]) — Entsprechend haben auch mehrere durch eine Tat Verletzte den Anspruch auf Bestrafung in Ansehung eines jeden.[8])

Eine weitere Folge des pönalen Charakters ist die Tatsache, daß bei Realkonkurrenz[9]) mehrerer Delikte die verschiedenen Klageansprüche selbständig nebeneinder bestehen; denn

---

1) D. 47, 10, 28. 2) D. 47, 2, 34. 3) D. 47, 2, 35 pr.

4) D. 47, 7, 6. 5) D. 47, 10, 11, 4.

6) Tab. VIII, 20b; dazu Tryphoninus ausführliche Erläuterung D. 26, 7, 55, 1.

7) D. 26, 7, 55, 1. Es gilt dies aber nur für die reinen Strafklagen. Bezügl. der gemischten Strafklage vgl. Dernburg, Pandekten. 4. Aufl. II, 196.

8) D. 47, 2, 46, 1, 4; 75. 47, 10, 18, 2; 41. D. 47, 7, 6, 1 und 47, 10, 16 enthalten keine Abweichung, vielmehr ergibt sich die dort gefällte Entscheidung aus dem Wesen des Miteigentums.

9) Bei Idealkonkurrenz gilt der Satz poena maior absorbet minorem, wie sich aus D. 47, 8, 1 ergibt. Derartige Fälle sind bei Privatklageansprüchen außerordentlich häufig. So findet sich Idealkonkurrenz von Raub, Diebstahl, Sachbeschädigung (D. 47, 8, 2, 10), Diebstahl und Baumfrevel (D. 47, 7, 8, 2), Sachbeschädigung, Injurie, Sklavenverführung (D. 48, 5, 6 pr.). In allen diesen Fällen kann, wenn zunächst die auf den geringeren Betrag gehende Klage erhoben ist, die Differenz nachgefordert werden; so die eingangs cit. Stelle.

jedem einzelnen Delikt muß auch seine Strafe folgen.[1]) So finden sich nebeneinander: aus Raub und Mord ao. bonorum raptorum und ao. legis Aquiliae;[2]) aus Diebstahl und Mord ao. furti und ao. legis Aquiliae;[3]) aus Anstiftung eines Sklaven zum Diebstahl: ao. servi corrupti und ao. furti.[4])

Eine schließliche Eigentümlichkeit der Privatklagen ist die, daß sie neben den aus der schädigenden Handlung entstehenden zivilrechtlichen Ansprüchen hergehen, weil eben die Grundlagen beider Ansprüche völlig verschiedene sind. Es gilt der Grundsatz: quotiens de re familiari et civilis et criminalis competit actio, utraque licere experiri, nec si civiliter fuerit actum, criminalem posse consumi, et similiter e contrario.[5]) So finden sich nebeneinander ao. furti, condictio furtiva und rei vindicatio;[6]) ao. tigni furtivi iuncti und rei vindicatio;[7]) ao. arborum caesarum einmal neben der ao. ad exhibendum und condictio furtiva,[8]) ferner neben der ao. locati;[9]) die ao. sepulchri violati zugleich

---

[1]) Numquam plura delicta concurrentia faciunt, ut ullius impunitas detur; neque enim delictum ob aliud delictum minuit poenam. D. 47, 1, 2 pr.

[2]) D. 47, 1, 2, 2. [3]) D. 47, 1, 2, 1.

[4]) Vgl. C. 6, 2, 20, 1. D. 11, 3, 11, 2 i. f.; I. 4, 1, 8. In keinem dieser Fälle ist von einer Konsumptionskonkurrenz im Sinne von D. 47, 8, 1 die Rede. Julian sagt D. 11, 3, 11, 2 ausdrücklich, daß es sich um diversa maleficia handele, also um Realkonkurrenz. A. M. Mommsen S. 890 A. 2, der die Fälle der Real- und Idealkonkurrenz nicht kennt und offenbar unterschiedslos die Regel von D. 47, 8, 1 anwendet. Die Quellen heben den Unterschied ganz deutlich hervor; man vergleiche die Anm. 7 zit. Stelle (plura delicta concurrentia) etwa mit D. 44, 7, 32 (cum ex uno delicto plures nascuntur actiones) und C. 9, 2, 9, 1 (si .. ex eodem facto plurima crimina nascuntur). Mommsen wirft auch diese Fälle zusammen und bezeichnet als gemeinsames Merkmal, daß in ihnen die Straftat „unter ethisch verschiedene kriminelle Kategorien falle". Das ist u. E. juristisch unhaltbar. Entscheidend ist vielmehr lediglich die Frage: liegt eine oder mehrere Straftaten vor. In jenem Fall ist die Regel von D. 47, 8, 1 anzuwenden: denn in dieser Stelle handelt es sich um ein einziges Delikt (qui rem rapuit). Liegen mehrere Delikte vor, so tritt, wie in D. 47, 2, 2 pr. prinzipiell ausgesprochen wird, kumulative Konkurrenz ein.

[5]) C. 9. 31, 1.

[6]) D. 47, 2, 55, 3. C. 6, 2, 12, 1, 2 mit der treffenden Begründung: cum altera poenam continens alterius electione minime tolli possit. Nam extra poenam rei persecutionem esse nulla iuris quaestio est.

[7]) D. 47, 3, 2. [8]) D. 47, 7, 8, 2. [9]) D. 47, 7, 8.

als krimineller und zivilrechtlicher Anspruch;[1]) die ao. expilatae hereditatis und die ao. ad exhibendum.[2]) Eine Folge des verschiedenen Charakters der Ansprüche ist es auch, daß der Strafanspruch nicht erschöpft wird, wenn auf Grund der Zivilklage Rückgabe bezw. Ersatz eintritt, während umgekehrt der zivile Anspruch erlischt, wenn sein Inhalt, Reparation des entstandenen Schadens, durch das Strafurteil erfüllt ist.[3])

Die für uns wichtige Bedeutung der betrachteten Eigentümlichkeiten der römischen Privatklagen dürfte klar sein. Sobald ein Ersatzanspruch eine der folgenden Eigentümlichkeiten zeigt:

1. daß er vor der l. c. passiv unvererblich ist oder
2. daß er mit anderen Strafansprüchen kumulativ konkurriert oder
3. daß er von parallelen zivilrechtlichen Ansprüchen nicht berührt wird oder
4. daß mehrere, welche zu dem verpflichtenden Erfolge zusammengewirkt haben, solidarisch haften bezw. mehrere Verletzte selbständige Ansprüche haben,

so handelt es sich um einen Anspruch aus einem Privatdelikt und ist die dem Beklagten auferlegte Leistung eine Vermögensstrafe. Es dürfte somit für die überwiegende Mehrzahl der Fälle ein einigermaßen sicherer Maßstab zur Beurteilung gegeben sein. Immerhin bleiben aber auch noch Fälle übrig, in denen die Frage, ob es sich um einen zivilrechtlichen oder kriminellen Anspruch handelt, lediglich aus der Natur der Sache und aus den Einzelheiten des Falles gegeben werden kann.

Ob ein angedrohter Vermögensnachteil sich als Strafe für Begehung eines crimen publicum darstellt, ist nicht leicht zu verkennen. Die crimina publica sind von den delicta privata bereits in ältester Zeit getrennt worden und zwar, wie berichtet wird, durch Servius Tullius;[4]) ihre Entwicklung läßt sich in den

---

[1]) D. 47, 12, 9. Es ist jedoch auch möglich, daß Macer hier nur an eine elektive Konkurrenz der ao. de vi privata (vgl. fr. 8 das) und ao. sepulchr. viol. criminalis denkt.

[2]) D. 47, 19, 2, 1. [3]) D. 47, 2, 55, 3.

[4]) Dion. 4, 25; wiederum ein Beleg für die oben ausgesprochene Vermutung,

Gesetzen der Republik genau verfolgen, und ob eine bestimmte, mit Vermögensnachteilen bedrohte Tat ein crimen publicum darstelle, wird füglich ebensowenig irgend wann zweifelhaft sein, wie die schließliche Frage, ob es sich um ein crimen populare oder extraordinarium handele und die in casu statuierte Rechsfolge eine Strafe sei.

Die lateinische Terminologie bietet für die Beantwortung der speziellen Frage, um welche Art von Vermögensstrafe, administrative oder kriminelle, bezw. welche kriminelle, es sich handele, einen gewissen Anhalt. Die administrative Vermögensstrafe hieß ursprünglich multa,[1]) so genannt, weil sie bei fortgesetztem Ungehorsam durch Vervielfältigung gesteigert werden konnte (multitata).[2]) Später wird das Wort auch für gerichtlich oder gesetzlich fixierte Vermögensstrafen gebraucht,[3]) soweit es sich um Bußen handelt, welche einer öffentlichen Kasse zufließen. Dagegen wird bei Privatklagen, wie bereits erwähnt, der Ausdruck damnum, später poena verwendet; allerdings hat poena nicht nur die spezielle Bedeutung von damnum, denn es bezeichnet darüber hinaus jede gesetzlich bestimmte Strafe i. G. zu multa, von der es heißt, daß sie dort eintrete, ubi specialis poena non est imposita.[4]) Später verwischt sich dieser Unterschied mehr und mehr, und die multa erscheint schließlich als Unterart der poena in der speziellen Bedeutung: Geldstrafe.[5])

---

daß die Wurzel des öffentlichen Strafrechts in der Jurisdiktionsgewalt der höchsten Beamten zu suchen sei.

[1]) Varro 5, 177: multa pecunia, quae a magistratu dicta, ut exigi posset ob peccatum. Festus s. v. multa (p. 142) referiert nur, offenbar aus einer anderen Schrift: M. Varro ait poenam esse, sed pecuniariam.

[2]) Varro a. O.: Multa . . . quod singulae dicuntur additae (so die u. E. verständlichere Göschensche Lesart; Bruns: appellatae Bd. II. S. 56 u. A. 3.) eae multae . . .

[3]) Vgl. D. 50, 16, 244, wo Paulus davon ausgeht, daß die Höhe der multa durch Gesetz bestimmt sein könne.

[4]) Vgl. D. 50, 16, 131 und dazu 244 ib. Das Wort Labeos: si qua poena est, multa est; si qua multa est, poena est, soll wohl nur heißen, daß beide gleichmäßig als wirkliche Strafen zu qualifizieren seien. Vgl. Pernice S. 15ff.

[5]) Vgl. D. 50, 16, 131; ferner z. B. D. 11, 5, 1, 4. Dem Verbum multare war überhaupt niemals eine so enge Bedeutung zu eigen: vgl. Mommseu 1013 A. 1; es findet sich sogar bei Privatklageansprüchen verwendet, vgl. D, 25, 2, 21, 2,

Bemerkenswert ist nur, daß die Privatstrafe nicht mit multa bezeichnet wird.[1])

Begriff und Wesen der Vermögensstrafen systematisch zu bestimmen, haben die römischen Juristen, denen ja die theoretische Beurteilung des öffentlichen Rechts überhaupt nicht recht zusagte, nicht unternommen. Ein einziger theoretischer Satz ist es im wesentlichen, der mehrfach wiederholt wird; nämlich der, daß die Vermögensstrafen nicht zu den Kapitalstrafen zu zählen seien,[2]) was besonders in prozessualer Hinsicht von Bedeutung war.[3]) Zuweilen wird die Geldstrafe sogar in einen direkten Gegensatz zur Kriminalstrafe gesetzt; so ist z. B. in den XII Taf. die Verbindung von Kapital- und Geldstrafen untersagt gewesen,[4]) was aber offenbar nur bedeuten soll, daß nicht wegen

---

und in ganz allgemeiner Bedeutung z. B. bei Cicero; vgl. de off. 1, 43. Nicht ganz zutreffend scheint Mommsen anzunehmen, daß multa stets nur als terminus technicus für Vermögensstrafe gedient habe (S. 13, A. 1 u. S. 1013 A. 1). Es findet sich vereinzelt auch als allgemeiner Ausdruck, so bei Plautus:

Nec mater lena ad vinum accedat interim
Nec ullo verbo male dicat: si dixerit,
Haec multa ei esto, vino viginti dies
Ut careat.

Asinar. 800 = 4, 1, 54.

Es mag dies aus dem Charakter der ganzen Stelle zu erklären sein; denn im übrigen sind sich auch die Dichter des Unterschiedes zwischen der allgemeinen poena und der speziellen multa wohl bewußt:

Venerat ad morem, populi depascere saltus
Idque diu licuit; poenaque nulla fuit.
Vindice servabat nullo sua publica volgus.
Iamque in privato pascere inertis erat,
Plebis ad aediles perducta licentia talis
Plebicios: animus defuit ante viris.
Rem populus recipit; mulctam subiere nocentes,
Vindicibus laudi publica cura fuit.

Ovid, Fast. V, 283 ff.

[1]) Vgl. Mommsen 1014. Nach älterer Doktrin (Platner S. 50 im Anschl. an Marezoll, üb. bürg. Ehre) war multa i. G. zu poena nicht mit Ehrenminderung verbunden.

[2]) Gaius 4, 111. D. 49, 9, 1.

[3]) Es war deshalb z. B. eine Verurteilung in contumaciam zulässig, D. 48, 19, 5.

[4]) Cicero orat. de dom. 17, 45.

eines Delikts zugleich ein Kapitalprozeß vor den Centuriatkomitien und ein Geldprozeß vor den Tribus stattfinden sollte.[1]) Denn die Verbindung von Kapital- und Vermögensstrafe an sich findet sich z. B. in Gestalt der gleichzeitigen Acht und Vermögenskonfiskation bereits in der Königszeit.[2]) Begrifflich ist also die Verbindung von Kapital- und Vermögensstrafen wohl stets möglich gewesen. Aus diesen Erwägungen ergibt sich aber andrerseits zur Genüge die Übereinstimmung mit den Kapitalstrafen dahin, daß sie wie diese eben „Strafen" sind, nicht etwa Schadensersatz, soweit sie aus crimina privata, und nicht etwa Steuer, soweit sie aus crimina publica als Rechtsfolge sich ergeben. Ohne unsere Ansicht über die verschiedenen Strafrechtstheorien zu präjudizieren, werden wir das jedenfalls behaupten können, daß jede Strafe von dem Täter als Eingriff in seine Persönlichkeitsrechte, als gewaltsame Unterwerfung seines Willens unter den Willen der Allgemeinheit empfunden werden, daß sie seine Psyche treffen soll. Der weitere Strafzweck mag dahingestellt bleiben; das Vorhandensein des unmittelbaren Zwecks: Einwirkung auf den Willen des Täters, wird nicht wohl geleugnet werden können. Die Strafe soll als Übel empfunden werden. Um diesen Zweck zu erreichen, bedienen sich die Vermögensstrafen des Mittels, die wirtschaftliche Lage des zu treffenden Subjekts zu verschlechtern.[3]) Auch sie richten sich also gegen den Willen des Täters, nicht gegen sein Vermögen. Affizierung des Individuums ist ihr Zweck, Affizierung des Objekts ihr Mittel. Es ergibt sich also hieraus auch für die Vermögensstrafen der höchstpersönliche Charakter der Strafen überhaupt, dessen wichtigste Folgen z. B. der grundsätzliche Ausschluß der Vererblichkeit,[4]) der Haftung dritter ohne Kulpapräsumtion, der Stellvertretung bei der Vollstreckung ist, — Folgen, die auch für das römische Recht gelten.

---

[1]) Vgl. Zumpt II, 1, 366 ff.

[2]) Z. B. im Prozeß gegen die Söhne des Ancus Martius, Dion. 4, 5; im Prozeß gegen die Feinde des Tarquinius Superbus, Dion. 4, 42. Servius Tullius bedroht die Nichtzensiten gleichzeitig mit Körperstrafen und Konfiskation. Dion. 4, 15.

[3]) Vgl. hierzu Stooß, Die Natur der Vermögensstr. 1878.

[4]) D. 48, 19, 20.

Sind also die Vermögensstrafen einerseits wirkliche Strafen, so galten sie doch andrerseits nach römischem Recht, abgesehen von der publicatio omnium bonorum, als die leichteste Strafe;[1]) und als bei dem ungeheuerlichen Anschwellen der Kriminalität im kaiserlichen Rom eine immer intensivere Verschärfung der Strafmittel sich als notwendig erwies, da verloren auch die Vermögensstrafen für das Gebiet des Kriminalstrafrechts zu Gunsten der Kapitalstrafen viel an Bedeutung; häufig mögen nur fiskalische Beweggründe für ihre Beibehaltung maßgebend gewesen sein.[2])

§ 2.

Die Einziehung des Vermögens oder aliquoter Teile.

Eine Vermögensstrafe, welche darin besteht, daß dem Schuldigen sein gesamtes Vermögen oder ein aliquoter, zahlenmäßig ausgedrückter Teil entzogen wird, findet sich bereits im ältesten römischen Recht. Schon Romulus bedrohte die Tötung eines gesunden Kindes durch die Eltern mit dem Verlust des halben Vermögens;[3]) Servius Tullius bestrafte die Unterlassung der verschiedenen Einschätzungsmaßregeln mit totalem Vermögensverlust, und unter den späteren Königen finden sich überhaupt mehrfache Konfiskationen.[4]) In der späteren Rechtsentwicklung nimmt die Strafe der Vermögenseinziehung einen immer breiteren Raum ein, zweifellos nicht so sehr deshalb, weil sie als besonders geeignet für die Erfüllung allgemeiner Strafzwecke angesehen wurde, als vornehmlich deshalb, weil sie ein vortreffliches Mittel war, sich auf Kosten politischer Gegner zu bereichern.

Die älteste Form der Konfiskation ist die consecratio.

---

[1]) D. 48, 19, 10, 2.

[2]) Man vgl. z. B. die verschiedene Differenzierung der Höhe gegenüber hohen, also voraussichtlich reichen, und niederen Beamten oder die Festsetzung enormer Geldstrafen gegenüber wohlhabenden Personen; etwa Dio Cass. 47, 18.

[3]) Dion. 2, 15. [4]) Vgl. S. 93 Anm. 2.

Nach der ursprünglichen religiösen Auffassung der Römer galt der Kapitalverbrecher als sacer; er war mit Leib, Leben und Vermögen den Göttern verfallen.[1]) Dem Bericht des Livius zufolge[2]) hieß es noch im Horatisch-Valerischen Gesetz: ut qui tribunis plebis aedilibus iudicibus decemviris nocuisset, eius caput Iovi sacrum esset, familia ad aedem Cereris Liberi Liberaeque iret. Der sakrale Charakter der Strafe überhaupt zeigte sich insbesondere bei der Strafe der Einziehung,[3]) welche übrigens noch in den letzten Jahrhunderten der Republik unter Beobachtung sakraler Formen vorgenommen wurde.[4])

Inzwischen aber hatte sich die Grundanschauung vom Wesen des Verbrechens völlig evolutioniert; man gewöhnte sich daran, das Verbrechen, anstatt von religiösen, von ethischen und sozialen Gesichtspunkten aus zu betrachten; und mit dem Eindringen der Auffassung, daß die Ausübung des Strafrechts in den Kreis staatlicher Aufgaben gehöre, vollzog sich zugleich auch eine Verweltlichung der Strafmittel. Der Staat betrachtete sich nunmehr als den Inhaber des Strafanspruchs und trug keine Bedenken, die Vermögensstrafen im fiskalischen Interesse anzuwenden; so vollzog sich der Übergang von der consecratio zur publicatio, dessen Spuren sich bis in die Zeit der XII Taf. verfolgen lassen.[5])

Die consecratio und publicatio kommen in allen Teilen des Strafrechts vor. Man begegnet ihnen zuerst innerhalb der magistralen Koerzitionsgewalt, und zwar regelmäßig in Verbindung

---

1) Festus s. v. sacratae (p. 318): sacratae leges sunt, quibus sanctum est, qui quid adversus eas fecerit, sacer alicui deorum sit cum familia pecuniaque. Id. s. v. sacer mons: homo sacer is est, quem populus iudicavit ob maleficium. Id. s. vbis. aliuta; plorare. Dion. II, 10: εἰ δέ τις ... τὸν δὲ ἁλόντα τῷ βουλομένῳ κτείνειν ὅσιον ἦν ὡς θῦμα καταχθονίου Διός. Vgl. 9, 17.

2) 3, 55.

3) Livius 2, 8: Ante omnes sacrandoque cum bonis capite eius, qui regni occupandi consilia inisset, gratae . . . leges fuere. Dion 6, 89: ἐὰν δέ τις ... ἐξάγιοτος ἔστω, καὶ τὰ χρήματα αὐτοῦ Δήμητρος ἱερά.

4) Cicero or. de dom. 47, 123: bona Metelli . . . consecravit foculo posito in rostris adhibitoque tibicine . . Vgl. 124 das.

5) Vgl. die im Text zit. Stelle Livius 3, 55 mit 3, 58 das.: bona Claudii Oppiique tribuni publicavere.

mit anderen Strafen; nur den Tribunen stand auch hier eine weitergehende Befugnis zu. Das Hauptanwendungsgebiet sind jedoch die crimina publica, zu denen später die crimina privata treten. Beispiele aus der Königszeit sind bereits oben angeführt worden; solche aus den späteren Perioden ließen sich in beliebiger Anzahl anführen; nur die wichtigsten seien hier erwähnt. Die Vermögenseinziehung findet sich:

1. bei bestimmten Delikten:[1]) Hochverrat (perduellio, laesa maiestas);[2]) Meuchelmord;[3]) peculatus;[4]) Ketzerei;[5]) Apostasie und Verleitung dazu;[6]) Tötung eines Christen durch einen Juden und Anstiftung dazu;[7]) Geschlechtsverkehr eines Vormundes mit seinem Mündel;[8]) Nachlässigkeit höherer Provinzialbeamter in der Überwachung von Verletzungen kaiserlicher Verordnungen;[9]) Entführung, Teilnahme und Beihilfe dazu;[10]) Münzverbrechen.[11])

2. bei bestimmten Kapitalstrafen: cum aut vita adimitur aut civitas, aut servilis condicio irrogatur;[12]) bei Deportation;[13]) jedoch mit der Maßgabe, daß das Urteil kaiserlicher Bestätigung bedarf[14]) und daß bei temporärer Deportation auch die Konfiskation bezw. die mit ihr verbundene Erwerbsunfähigkeit zeitlich beschränkt ist;[15]) bei Relegation; doch muß die Einziehung ausdrücklich ausgesprochen sein;[16]) bei temporärer Relegation tritt sie überhaupt nicht ein.[17]) In den Fällen der Todesstrafe und

---

1) Vgl. D. 48, 20, 3. 2) D. 48, 4, 9 e contr. C. 9, 8, 5 pr.

3) D. 48, 8, 3, 5; 4, 2. 4) D. 48, 13, 3.

5) C. 1, 5, 4, 1; 6, 2; 8, 2; 12, 5. 6) C. 1, 7, 1. 5. 7) C. 1, 9, 16.

8) C. 9, 10. 9) C. 9, 12, 10, 2. 10) C. 9, 13, 1 f.; 3.

11) C. 9, 24, 2.

12) D. 48, 20, 1 pr. Eine Ausnahme besteht für Soldaten, vgl. D. 28, 3, 6, 6. 32, 22, 1. 38, 12, 1.

13) D. 48, 22, 14, 1. C. 9, 47, 8. 14) D. 48, 19, 2, 1. tit. C. 9, 48.

15) D. 48, 19, 33.

16) D. 48, 22, 14, 1. C. 9, 47, 8. Der ohne Bestätigung Deportierte hat die testamenti factio passiva, D. 48, 22, 15, 1.

17) D. 48, 22, 7, 4. Ferner behält der Relegierte die testamenti factio activa, D. 48, 20, 7, 5. Intestaterbe seines nach dem Urteil erworbenen Vermögens ist nicht der Fiskus, ib. Schließlich bleiben ihm auch, falls nicht ein anderes besonders bestimmt, die Rechte gegen Freigelassene erhalten, D. 48, 20, 8, 3.

Deportation findet die Einziehung auch statt, wenn der Angeklagte vor dem Urteil Selbstmord begeht, um sich der Strafe zu entziehen.[1])

Zusammenhängende theoretische Erörterungen über das Wesen der Strafe der Konfiskation fehlen in den Quellen. Es muß daher auch hier die Abteilung der wichtigsten Grundsätze aus den einzelnen positivrechtlichen Bestimmungen erfolgen.

Zunächst ist zu betonen, daß der Anfall des Vermögens an den Fiskus oder sonst Berechtigten eine unmittelbare Folge des Delikts, nicht des Urteils ist; dieses hat vielmehr lediglich deklaratorische Bedeutung.[2]) Es treten also alle im folgenden zu betrachtende Wirkungen der Konfiskation bereits mit der Begehung der Tat ein.

Die Wirkung der Strafe ist zunächst Verlust von familia pecuniaque und deren Übergang auf einen anderen Rechtsträger. Dem Verurteilten fehlt die testamenti factio activa, sogar hinsichtlich des nach dem Urteil erworbenen Vermögens,[3]) dessen Intestaterbe ebenfalls derjenige ist, auf den das konfiszierte Vermögen überging;[4]) ebenso fehlt ihm die test. factio passiva;[5]) von dieser Vorschrift wurden jedoch im Gnadenwege Ausnahmen zugelassen;[6]) ferner kann er keine Freilassungen bewirken.[7]) Schließlich verliert der Verurteilte im Falle der Deportation auch die Civität[8]) und untersteht nicht mehr dem ius civile, sondern dem ius gentium. Rechtsgeschäfte kann er nur bezüglich seines nach dem Urteil erworbenen Vermögens abschließen.[9])

Genau geregelt ist die Stellung Dritter, welche in Vermögensbeziehungen zu dem Verurteilten standen. Hier, wo das Strafrecht auf das Gebiet des Zivilrechts übergreift, zeigt sich sofort eine mustergültige theoretische Behandlung der entstehenden Zweifelsfragen. An der Spitze steht der Satz, daß Dritte durch den Übergang des Vermögens nicht geschädigt werden dürfen. Daher die zahlreichen Beispiele, in denen ausgesprochen wird, daß der Fiskus in die Verpflichtungen des

---

1) D. 48, 21, 3, 1—3. C. 9, 50, 1 pr.; 2.
2) D. 48, 3, 20. 3) C. 9, 49, 2. 4) D. 48, 22, 15 pr. C. 9, 49, 2.
5) Vgl. D. 48, 19, 17. 6) D. 48, 22, 16. 7) D. 48, 22, 2.
8) D. 48, 22, 6 pr. 9) D. 48, 22, 15 pr.

Verurteilten, welcher seinerseits jeder Verpflichtung ledig wird,[1]) eintrete.[2]) War nur eine teilweise Einziehung ausgesprochen, so haftet der Fiskus für den entsprechenden Teil des Anspruchs: nam successio oneribus portionis suae respondet.[3]) Die Ansprüche gutgläubiger Dritter, welche mit dem bereits Verurteilten kontrahierten, gehen sogar dem Intestaterbrecht des Fiskus an dem nach dem Urteil erworbenen Vermögen des Delinquenten vor.[4]) Schließlich werden auch die Rechte eines Patronus durch die Verurteilung eines Freigelassenen nicht berührt.[5])

Den Kindern steht ursprünglich nicht der geringste Anspruch zu. Die Bestimmung, daß ihnen ein bestimmter Anteil überlassen werden soll,[6]) verdankt lediglich Erwägungen der Billigkeit ihren Ursprung, wie in den Quellen ausdrücklich gesagt ist[7]) und auch daraus hervorgeht, daß die Wohltat nur ehelichen[8]) oder adoptierten[9]), nicht aber emanzipierten Kindern zugute kommt, es sei denn, daß diese eine etwa erhaltene Schenkung in die Konfiskationsmasse einwerfen;[10]) ferner daraus, daß die Wohltat bei nur teilweiser Einziehung vollkommen wegfällt.[11]) Dagegen wird in ganz besonderen Fällen, nämlich bei sehr vielen Kindern, das ganze Vermögen den Kindern überlassen,[12]) eine an die Bestimmungen der lex Julia et Papia Poppaea erinnernde latente Prämie für Kindererzeugung; ausgeschlossen ist jedoch auch hier, einem allgemeinen Grundsatz entsprechend, ein Erwerb an den producta sceleris.[13]) Auf die Erbrechte der Kinder gegen Dritte und untereinander hat die Verurteilung des Vaters keinen Einfluß. In späterer Zeit wurde die Stellung der Abkömmlinge und des Gatten allgemein gebessert, bis schließlich die Deszendenten als Intestaterben des Verurteilten eintreten.[14])

---

1) D. 48, 20, 4; 10. C. 9, 49, 5; 9 pr. Vgl. D. 22, 1, 6, 1.
2) D. 46, 1, 47 pr. 3) C. 9, 12, 2. 4) D. 48, 22, 15 pr.
5) D. 48, 20, 7, 1.
6) D. 48, 20, 1; 7 passim. Vgl. die Fälle Tacit. ann. 3, 17; 4, 20; 13, 43.
7) D. 48, 20, 7 pr. 8) D. 48, 20, 1, 2. 9) D. 48, 20, 7, 2.
10) C. 9, 49, 8, 1. 11) D. 48, 20, 1, 3. 12) D. 48, 20, 7, 3.
13) D. 48, 20, 7, 4; Nov. 134, 13.
14) C. 9, 49, 10 pr.; vgl. c. 9 das. Schließlich Nov. 134, 13.

Aus diesen einzelnen Bestimmungen erhellt die juristische Natur der römischen Vermögenskonfiskation zur Genüge. Sie ist, wie insbesondere der ex lege erfolgende Eintritt des Fiskus in die obligatorischen Verhältnisse des Verurteilten beweist, eine totale oder partielle Universalsukzession, wie der Erbgang (dem sie in den Quellen unmittelbar gleichgestellt wird,[1]) der Kauf eines Nachlasses vom Fiskus,[2]) die addictio bonorum libertatis causa[3]) u. a. Der successor tritt unmittelbar in alle Rechte und Pflichten ein, ohne daß es etwa der singulären Übertragungs- oder Übernahmeakte bedürfte, wie der Tradition körperlicher Sachen oder der Genehmigung der Gläubiger bei der Schuldübernahme.

§ 3.

Die Geldstrafe.

Die Geldstrafe ist wegen ihrer vorzüglichen Differenzierbarkeit auch im römischen Strafrecht die weitaus am häufigsten verwendete Vermögenstrafe. Ihr Auftreten fällt zusammen mit dem ersten Auftreten einer staatlichen Rechtspflege. So setzt z. B. schon die Bestimmung des Romulus, daß die Klienten die dem Patron oder Mitgliedern seiner Familie auferlegten Geldstrafen bezahlen müßten,[4]) das nicht eben seltene Vorkommen dieses Strafmittels voraus. In der weiteren Entwicklung findet sich die Geldstrafe überall im Strafrecht. So zunächst innerhalb der magistralen Koerzition und zwar sowohl der republikanischen patrizischen wie plebeischen Beamten.[5]) Ferner besaßen das Recht, durch Auferlegen von Geldstrafen sich Gehorsam zu erzwingen, die Ädilen und zwar ebenfalls sowohl die kurulischen wie die plebeischen,[6]) sowie schließlich der pontifex

[1]) D. 38, 16, 1,3: Interdum etiam filius suus heres excluditur fisco praelato, ut puta si perduellionis fuerit damnatus pater post mortem suam.

[2]) D. 5, 3, 54, 3. C. 4, 39, 1. [3]) Tit. J. 3, 11. [4]) Dion. 2, 10.

[5]) Vgl. bez. der Dezemvirn Cicero de leg. agr. 2,13.

[6]) Vgl. Mommsen S. 52.

maximus.[1]) In späteren Zeiten konzentriert sich die Koerzitionsgewalt in den kaiserlichen Beamten[2]) bezw. den Beamten der mit Selbstverwaltung ausgestatteten Munizipien.[3]) Daß innerhalb der Privatklagen auf Buße die Geldstrafen zu allen Zeiten die hauptsächlichsten Strafmittel gewesen sind, bedarf kaum der Erwähnung. Und schließlich finden sich auch auf dem Gebiete des crimina publica zahlreiche Geldstrafen, von denen eine ganze Reihe später anzuführen sein wird.

Wir haben bisher stets von „Geld"strafen gesprochen. Es soll das Wort „Geld" hier nur im weitesten Sinne, also nur als Bezeichnung für den jeweils allgemein üblichen Wertmesser verstanden werden. Die Beschaffenheit dieses Wertmessers ist natürlich je nach den verschiedenen Wirtschaftsverhältnissen verschieden gewesen. Solange Rom Agrikulturstaat war, bestand das allgemeine Zahlungsmittel in Häuptern Vieh (pecus, dav. pecunia), und demgemäß waren auch die Strafen auf Häupter Vieh gestellt.[4]) Mit dem Übergang zur Metallwährung verwandelten sich auch die Geldstrafen in solche auf Metallgeld, wie sie sich bereits in der Königszeit finden.[5]) Als man dann schließlich in der Kaiserzeit bei der großen Entwertung der Sklaven dazu gelangte, auch der Sklaven als eines Zahlungsmittels sich zu bedienen, da finden sich sogar Geldstrafen in Sklaven ausgedrückt.[6])

Das Wesen der Geldstrafe läßt sich für die öffentlichen Strafen nicht mit zivilrechtlichen Ausdrücken umschreiben; sie gibt dem Inhaber des Strafanspruchs ein besonders geartetes, publizistisches Recht, das ja auch in einem speziell geregelten Verfahren durchgeführt wird. Der Anspruch auf private Geldstrafe dagegen trägt durchaus den Charakter einer einfachen

---

[1]) Entsprechend seiner eigentlichen Stellung als iudex atque arbiter rerum divinarum humanarumque. Festus s. v. ordo (p. 185); vgl. dens. s. v. maximus pontifex (p. 126.)

[2]) Vgl. z. B. D. 2, 5, 2, 1. 48, 13, 11, 6.

[3]) Vgl. z. B. l. Malac. c. 66 (Bruns S. 153).

[4]) Festus s. v. maximam (p. 144).

[5]) Festus s. v. opima (p. 186) für Numa.

[6]) C. 11, 48, 12, 2. Zuweilen wird gleich alternativ die entsprechende Summe Metallgeld angegeben; C. 6, 1, 4 pr.: 1 Sklave = 20 solidi.

Geldobligation, wie sich dies insbesondere aus der Verwendung technischer Ausdrücke des Zivilrechts (dare damnas esto, petere, petitio), sowie daraus ergibt, daß der Anspruch durch Pfand und Bürgschaft versicherbar ist;[1]) die Bezahlung der Strafe ist eine gewöhnliche Aufhebung der Schuld durch Leistung.

Als Analogon der Geldstrafe seien schließlich die Fälle erwähnt, in denen jemandem strafweise die Vornahme einer geldwerten fungiblen Handlung auferlegt wird, z. B. die Zwangsausstattungsverpflichtung der Ketzer gegenüber ihren rechtgläubigen Kindern.[2]) Bemerkt sei auch noch, daß sich neben der in Geld ausgedrückten Mult auch die Sachenbuße, pignoris capio, wiederholt findet; man hat bei dieser wohl an eine Wegnahme fungibler Gegenstände zu denken.

§ 4.
Einziehung und Vernichtung.

Im Gegensatz zur Geldstrafe handelt es sich bei der Einziehung darum, daß dem Strafwürdigen nicht eine Quantität Fungibilien, sondern eine species entzogen wird, welche ev. der Vernichtung anheimfällt. Auch derartige Fälle finden sich im römischen Strafrecht nicht selten.

Bevor wir sie einzeln betrachten, ist jedoch noch zu bemerken, daß die Einziehung eines Gegenstandes nicht immer

---

[1]) Vgl. D. 20, 1, 13, 6. 46, 1, 18, 5; 70, 5. Dem publizistischen Charakter der öffentlichen Strafe scheint D. 46, 1, 68 pr. zu widersprechen; doch handelt es sich darin wohl um den speziellen Fall einer Generalkaution, welche den Charakter der einzelnen Ansprüche zurücktreten läßt. Die praedes bei der Repetundenklage (l. Acil. Z. 57 ff. Bruns 68), von denen noch später zu handeln, stammen zweifellos aus der früheren zivilrechtlichen Periode dieses Anspruchs. Die publizistische Natur des Anspruchs auf öffentliche Geldstrafe ergibt sich u. E. auch daraus, daß dieser Anspruch im Konkurse nicht mit den Ansprüchen der übrigen Gläubiger, welche sich lediglich gegen das Vermögen richten, konkurriert, D. 49, 14, 17.

[2]) C. 1, 5, 12, 20; 19, 3.

Vermögensstrafe zu sein braucht; sie kann auch bloße Polizeimaßregel sein. Beide Rechtserscheinungen unterscheiden sich aufs wesentlichste. Diese ist lediglich präventiv; jene zugleich repressiv. Diese dient dazu, dem Gemeinwohl schädliche Gegenstände unschädlich zu machen;[1]) sie ist objektiv und jedem Unbeteiligten gegenüber durchzuführen. Jene soll dem Schuldigen ein Übel zufügen und trägt subjektiven Charakter sowie alle anderen Merkmale der Strafe. Auch das Verfahren, dessen Ergebnis beide bilden, pflegt ein ganz verschiedenes zu sein. Trotz dieser tiefgreifenden begrifflichen Unterschiede können im Einzelfalle erhebliche Zweifel entstehen, ob man es mit einer Strafe oder einem Verwaltungsakt zu tun hat. Es ist daher im folgenden auf derartige zweifelhafte Fälle besonders aufmerksam gemacht worden.

Wohl der wichtigste und häufiigste Fall ist der der Einziehung und Vernichtung der instrumenta und producta sceleris. In den Quellen wird zunächst die allgemeine Regel aufgestellt, daß das durch Delikt Erworbene stets dem Staat verfallen sei.[2]) Von diesem Grundsatz wird dann in einzelnen Fällen Anwendung gemacht, von denen die folgenden als besonders charakteristische erwähnt sein mögen:

Nach altem römischen Recht verfiel, wer die Grenzen seines Ackers durch Abpflügen verschob, samt seinem Gespann dem Tode.[3])

---

[1]) Vgl. dazu Stooß a. O.

[2]) D. 48, 10, 12. 48, 20, 7, 4. 49, 14, 9, 4.

[3]) Festus s. v. termino (gl. 368) als Gesetz des Numa. Es war dies die Folge des gegen den Jupiter Terminalis, dem die Grenzsteine geweiht waren, gerichteten Delikts. Fraglich könnte allerdings sein, ob in dem Verfallensein der Rinder eine der noxae deditio ähnliche Strafe oder ein piaculum, d. h. eine Sühne für die beleidigte Gottheit, zu sehen ist. Derartige Sühnen sind aber insbesondere bei fahrlässigen Delikten üblich gewesen; so bei fahrlässiger Tötung die Opferung eines Widders (Serv. in Virg. buc. 4, 43); vgl. Tab. VIII, 24a und die ausdrückliche Bestimmung des Spoletinischen Haingesetzes: Sei quis violasit, Iovei bovid piaclum datod; sei quis scies violasit dolo malo, Iovei bovid piaclum datod et a (sses) C. C. C. moltai suntod (Bruns S. 260). Nun könnte man ja die im Text wiedergegebene Bestimmung als gegen die Rinder gerichtet ansehen, wie dies offenbar Mommsen tut, der von einer „Bestrafung der Rinder" spricht (S. 822

Cäsar ließ Eßwaren, deren Anfertigung der von ihm erlassenen lex sumptuaria widersprach, wegnehmen, unter Umständen sogar vom gedeckten Tisch.[1])

Hadrian ordnete an, daß, wenn eine Leiche verbotenerweise innerhalb des Weichbildes einer Stadt beerdigt wurde, sie exhumiert und der Täter mit einer Geldstrafe belegt, außerdem aber die fragliche Stätte dem Fiskus verfallen sein solle.[2])

Wenn ein Hauseigentümer sein Haus verfallen läßt und sich weigert, die behördlich im öffentlichen Interesse aufgewendeten Herstellungskosten mit Zinsen zurückzuerstatten, so fällt das Haus ohne Rücksicht auf den Wert und die Höhe der Auslagen dem Fiskus zu.[3])

Baupolizeiwidrige Gebäudeanlagen werden zerstört.[4])

Der Sattel eines gesetzwidrig beladenen Postpferdes wird in Stücke geschlagen, der Mantelsack samt Inhalt bis auf 100 Pfd. Gold konfisziert.[5])

Verbotenerweise angefertigte Waffen werden eingezogen.[6])

A. 2). Der Wortlaut zwingt aber zu dieser Auffassung nicht. Der Ausdruck sacrum esse, den Festus a. O. verwendet, nötigt nicht zu der Annahme, daß das Subjekt der Sacertät auch der Schuldige sei. So heißt es z. B. bei Dion. 6, 89 von dem Eigentum des Schuldigen: τὰ χρήματα αὐτοῦ Δήμητρος ἱερά; vgl. Festus s. v. sacer (p. 318): Gallus Aelius ait sacrum esse quodcumque more atque instituto civitatis consecratum sit. U. E. ist auch hier der betr. Bauer allein als Täter, die Rinder als instrumentum sceleris angesehen und erscheint die Sacertät des Gespanns als eine der noxae deditio ähnliche Vermögensstrafe. Anders liegt der Fall natürlich bei Schadenszufügung allein durch Tiere; hier gelten diese allerdings als Täter, vgl. D. 9, 1, 1, 11. — Wie dem auch übrigens sei: genützt hat die Strafandrohung offenbar nicht sehr viel. Man vgl. noch Horaz' Worte (Od. II, 18):

Quid quod usque proximos
Revellis agri terminos et ultra
Limine Clientium
Salis avarus?

[1]) Sueton de vit. Caes. I, 43. Wohl keine Polizeimaßregel, sondern eine Folge der Gesetzesverletzung.

[2]) D. 47, 12, 3, 5. [3]) D. 39, 2, 46, 1.

[4]) C. 8, 10, 12, 5e, ebenfalls eine Straffolge, die sich aus der gleichzeitigen Festsetzung einer Geldstrafe ergibt.

[5]) C. 12, 50, 12.

[6]) Nov. 85, 1 u. 2; sehr zweifelhaft, ob nicht nur eine Verwaltungsmaßregel.

Häuser, welche Ketzer zur Abhaltung ihrer Andachtsübungen benutzen, werden der betr. Religionsgemeinde genommen[1]) oder sogar zerstört.[2])

Häuser, die als Hehlernester dienen, werden eingezogen;[3]) ebenso solche, in denen sich Werkstätten von Münzfälschern[4]) oder mit Wissen des Eigentümers Bordelle befinden[5]) oder in denen sich mit Wissen des Eigentümers Fahnenflüchtige verbergen.[6])

Bücher und Schriften, welche ketzerische Irrlehren enthalten, werden eingezogen und durch Verbrennen unbrauchbar gemacht.[7])

Juden, welche verbotenerweise christliche Sklaven halten, trifft neben anderen Strafen auch der Verlust der betreffenden Sklaven.[8])

Dem, der unbefugt kaiserliche Attribute oder Abzeichen führt, können diese von jedem Dritten weggenommen und zerstört werden.[9])

Neben diesen Fällen, in denen die Einziehung und Vernichtung meist als eine Nebenstrafe erscheint, finden sich aber auch solche, in denen sie als Hauptstrafe auftritt. So vor allem bei den Noxalklagen, deren Pönalcharakter in den Quellen ausdrücklich festgestellt wird.[10]) Die Klage geht alternativ auf dari id quod nocuit oder aestimationem noxiae offerri;[11]) und wenn auch die Wahl in das Belieben des Verpflichteten gestellt ist, so erscheinen doch beide Eventualitäten als richtige Vermögensstrafen.

Daneben findet sich die Einziehung bestimmter Sachen noch in vereinzelten Fällen, so namentlich im Bereich der magistralen Koerzitionsgewalt, insbesondere der militärischen Disziplinargewalt; so können z. B. dem, der sich der Wehrpflicht entzieht, seine Villa und Gartenanlagen zerstört werden,[12]) ein wohl ziemlich vereinzelt dastehender Fall.

---

1) C. 1, 5, 3 pr.; 5, 1. 2) C. 1, 5, 17 pr. 3) C. 9, 19, 2. 4) C. 9, 24, 1, 4.
5) Nov. 14, 1. 6) C. 12, 45, 1 pr. 7) C. 1, 5, 8, 12. 8) C. 1, 10, 1.
9) C. 2, 15, 2, 2; eine Straffolge des Majestätsverbrechens.
10) J. 4, 9, 1; die passive Vererblichkeit erscheint als Ausnahme, D. 9, 1, 1, 17.
11) D. 9, 1, 1 pr. 12) D. 10, 3, 20 setzt diese Strafe voraus.

Über das Wesen des Anspruchs auf die verfallene Sache äußern sich die Quellen nicht. Vorwiegend handelt es sich um einen publizistischen Anspruch, nur im Falle der Noxalklagen liegt ein alternativer Anspruch auf Herausgabe oder Schadensersatz vor. Daß Rechte Dritter an der Sache durch die Einziehung nicht berührt werden, wird wohl anzunehmen sein; andernfalls läge eine völlig ungerechtfertigte Weiterwirkung der Strafe vor, die z. B. den für die Konfiskation ausdrücklich aufgestellten Regeln durchaus widerspräche.

§ 5.

Entziehung wirtschaftlicher Ansprüche und Vorteile.

Einer Vermögensstrafe, durch welche dem Schuldigen nicht nur ein Teil seines sichtbaren Vermögens entzogen, sondern seine subjektiven Rechte beschränkt werden, begegnet man wiederholt im römischen Strafrecht, und zwar von der einfachsten Form, dem Verlust einzelner bestimmter Ansprüche und bürgerlich-rechtlicher Fähigkeiten an bis zu der schwersten Form des Verlustes der Rechtspersönlichkeit überhaupt. Von dieser letzten Form soll hier nicht gehandelt werden, weil sie eine Strafart für sich, den sog. bürgerlichen Tod, darstellt, deren Reflexwirkung zugleich ein entscheidender Einfluß auf die wirtschaftlichen Verhältnisse des Verurteilten ist. Wohl aber sind die Formen des Verlustes einzelner Rechte und Ansprüche, mögen sie im Einzelfalle als Haupt- oder Nebenstrafen auftreten, einer kurzen Betrachtung zu unterziehen.

Das römische Recht kennt zunächst den strafweisen Verlust einzelner rein zivilrechtlicher Ansprüche und geldwerter Fähigkeiten. Obenan steht die Aberkennung eines speziellen Anspruchs, wie sie bekanntlich als Straffolge unerlaubter Selbsthilfe, die als crimen vis galt, eintritt. Nach einem Dekret Mark Aurels verlor der Gläubiger, welcher eine eigenmächtige Privatpfändung gegenüber seinem Schuldner vornahm, sein Forderungsrecht;[1]) diese Bestimmung wurde dann auch noch auf andere Fälle ausgedehnt, in denen der Gläubiger sich eigenmächtig[2]) durch Vorgehen gegen seinen Schuldner oder dessen Ehefrau[3]) Zahlung erzwang. Nach der bekannten c. 7 C. unde vi schließlich mußte der Eigentümer, welcher den Besitzer mit Gewalt verdrängte, die Sache zurückgeben und verlor sein Eigentum.[4])

Weiter gehört unter diese Kategorie die Bestimmung des SC. Libonianum, der zufolge eine Verordnung zugunsten dessen, der die Testamentsurkunde abfaßte, nichtig ist; auch dies ist eine Straffolge, denn eine Verletzung des SC. Libonianum galt als crimen falsi;[5]) ferner die Fälle der Erbunwürdigkeit aus dem SC. Silanianum u. a. Fälle, in denen überall die Erbschaft dem Fiskus verfällt.[6]) Weiter sind zu erwähnen: die Bestimmung, daß in amtlicher Eigenschaft vorgenommene Kaufgeschäfte von Beamten nichtig sind und der Verkäufer die Sache ohne Erstattung des Kaufpreises zurückverlangen kann;[7]) der Verlust des Pensionsanspruchs für Deserteure;[8]) Verlust der Verlobungsgeschenke bei Eheschließung trotz Ehehindernissen;[9]) der Verlust des beneficium divisionis für bestreitende Bürgen,[10]) des Besitzes für bestreitende Besitzer;[11]) Verlust der Emphyteuse wegen falscher Angabe der Verkaufsbedingungen gegenüber dem Grundherrn;[12]) der Verlust der Forderung für Gläubiger, welche Kinder ihrer Schuldner einsperren;[13]) Verlust unbefugt erworbener kirchlicher Gegenstände;[14]) Verlust des Gutes ohne Anspruch auf Ersatz des Kaufpreises und etwaiger Auslagen für die, welche kaiserliche Schatullgüter ohne Übernahme einer jährlichen Abgabe erwarben.[15])

Neben diesen Beispielen des Verlustes einzelner obligatorischer oder dinglicher Rechte findet sich weiter die Entziehung

---

[1]) D. 48, 7, 7. [2]) Vgl. D. 4, 2, 12, 2. C. 9, 12, 5. Nov. 52, 1.
[3]) C. 9, 12, 1. [4]) Vgl. J. 4, 2, 1. [5]) D. 48, 10, 6.
[6]) Vgl. D. 29, 5, 5, 1; 22.
[7]) D. 18, 1, 46. Vgl. D. 49, 14, 14, 2. C. 2, 19, 11. Vgl. für in Provinzen stationierte Soldaten D. 49, 16, 9 pr.; 13 pr.
[8]) D. 49, 16, 3, 8. [9]) D. 24, 1, 32, 28. [10]) D. 46, 1, 10, 1.
[11]) D. 6, 1, 80. [12]) C. 4, 66, 3, 6.
[13]) Nov. 134, 7. [14]) C. 1, 2, 24, 3. [15]) C. 11, 66, 7, 1.

ganz spezieller zivilrechtlicher Fähigkeiten, welche sonst zu dem Komplex derjenigen Rechte gehören, deren Inbegriff die Rechtspersönlichkeit ausmacht. An solchen strafweisen Beschränkungen finden sich zB.:

Aktive Schenkunfähigkeit; für Apostaten.[1])

Passive Unfähigkeit, aus Liberalitäten zu erwerben; für gewisse Sektirer.[2])

Unfähigkeit, gültige Emanzipationen vorzunehmen; für Majestätsverbrecher.[3])

Unfähigkeit, zu schenken, Mitgiften zu geben, zu veräußern; für dieselben.[4])

Unfähigkeit, Leistungen mit tilgender Kraft zu empfangen; für Hochverräter.[5])

Verlust der Intestabilität, dh. des Rechts, Zeugnis zu leisten oder sich leisten zu lassen, mithin also zB. der testam. fact. act.[6]) schon nach den XII Taf. für ungetreue Urkundspersonen;[7]) ferner für Verleumder;[8]) endlich für Ketzer;[9]) Apostaten[10]) und Sektirer;[11]) bezüglich dieser wird die absolute Testierunfähigkeit noch besonders hervorgehoben.[12])

Verlust der test. fact. passiva als Nebenstrafe für zur Zwangsarbeit verurteilte Sklaven.[13])

Erbunwürdigkeit für Söhne und Angestellte von Hochverrätern,[14]) für Ketzer,[15]) Apostaten[16]) und Sektirer;[17]) partielle Erbunwürdigkeit zu Dreivierteln für Töchter von Hochverrätern bezüglich ihres Muttererbes.[18])

Unfähigkeit, Sklaven zu erwerben; für Ketzer[19]) und Juden.[20])

Unfähigkeit, Eigentum zu erwerben; für Ketzer.[21])

Alle diese einzelnen Beschränkungen können sich bis zu

---

1) C. 1, 7, 4, 1. 2) C. 1, 5, 4, 2; vgl. 20, 7, das. 3) C. 9, 8, 5, 4.

4) Vgl. Anm. 3. 5) C. 9, 8, 6, 3. 6) D. 28, 1, 18, 1. 7) Tab. VIII, 22.

8) D. 22, 5, 21 pr. 47, 10, 5, 9.

9) Vgl. C. 1, 11, 10, 1; die Intestabilität kann noch 5 Jahre nach dem Tode des Ketzers geltend gemacht werden. C. 1, 7, 2.

10) C. 1, 7, 3 pr. 11) C. 1, 5, 4, 5.

12) Vgl. A. 11. 13) Vgl. D. 48, 19, 17 pr.

14) C. 9, 8, 5, 1; 6. 15) C. 1, 5, 4, 6; 15. 16) C. 1. 7, 3 pr.

17) C. 1, 5, 17; 19 pr. 18) C. 9, 8, 5, 3. 19) C. 1, 5, 20, 6.

20) C. 1, 10, 1. 21) C. 1, 11, 10, 1.

einer generellen Rechtsentziehung steigern. So sind zB. Ketzer vollkommen unfähig, zu kontrahieren;[1]) sie stehen also außerhalb des Rechtes der Schuldverhältnisse und damit des allgemeinen Verkehrs.

Ferner findet sich strafweise Untersagung der Ausübung wirtschaftlicher Rechte insbesondere gegenüber Gewerbetreibenden; so zB. für gerichtliche Sachwalter in den verschiedensten Formen und Bemessungen hinsichtlich Umfangs und Dauer.[2]) Weiter findet sich Untersagung der Lehrtätigkeit für Ketzer,[3]) Auch derartige Verbote können sich steigern bis zur völligen interdictio foro[4]) oder von der speziellen interdictio negotiatione[5]) bis zur generellen interdictio negotiationibus. Insbesondere werden Kaufleute, welche künstlich Teuerungen herbeiführen, mit Untersagung ihres Gewerbebetriebes bestraft.[6]) Auch die Untersagung der Ausübung eines Handwerks ist schließlich möglich.[7])

Endlich hat auch die strafweise Aberkennung gewisser öffentlichrechtlicher Fähigkeiten zugleich den Verlust privatrechtlicher Emolumente zur Folge, so insbesondere jede Beschränkung in der Fähigkeit, öffentliche Ämter zu bekleiden; denn damit ist zugleich die Unfähigkeit verbunden, eine derartige Tätigkeit zum Erwerbe auszuüben. Derartige Beschränkungen finden sich wiederholt, namentlich beim crimen repetundarum;[8]) aber auch Juden und Ketzer sind unfähig, öffentliche Ämter zu bekleiden.[9])

---

[1]) C. 1, 5, 4, 3; 10 pr.

[2]) D. 48, 19, 9: ne instrumenta omnino forment neve libellos concipiant vel testationes consignent; ne eo loci sedeant, quo in publico instrumenta deponuntur; ut testamenta ne ordinent vel scribant vel consignent. Vgl. D. 1, 12, 1, 13. 3, 1, 8. 17, 1, 6, 7. 50, 2, 3, 1. C. 1, 51, 14, 3. 2, 6, 1. Nov. 60, 2, 1.

[3]) C. 1, 5, 18, 4. In D. 1, 12, 1, 13 hat das Wort professio wohl die allgemeine Bedeutung von: Betreibung einer Kunst oder eines Handwerks.

[4]) D. 48, 19, 9, 4.

[5]) D. 48, 19, 9, 8, 9: ne quis negotiis publicis interveniat = δημοσίων ἀπέχεσθαι; si . . . quis iubeatur abstinere ad conductionem eorum, quae publice locantur, accedere, ut ad vectigalia publica.

[6]) D. 47, 11, 6 pr. [7]) D. 48, 9, 43 pr.

[8]) Vgl. D. 1, 9, 2. 48, 11, 6, 1. [9]) C. 1, 5, 18, 5. 9, 1, 18 pr.

Ein Analogon schließlich zur Entziehung zivilrechtlicher Fähigkeiten bildet der strafweise verfügte Zwang zur Vornahme bestimmter Beschäftigungen, welche Einfluß auf den Bestand des Vermögens haben, so zB. eine Verurteilung dahin, ut quis negotiatur.[1])

§ 6.

Die Bemessung der Vermögensstrafen.

Die Bemessung der Vermögensstrafen bedarf keiner weiteren Erörterung in den in §§ 4 und 5 erwähnten Fällen; denn sie ergibt sich dort aus der Natur der Sache. Eine besondere Betrachtung ist daher nur der Strafe der Konfiskation und vornehmlich der Geldstrafe zu widmen.

I. Bezüglich der publicatio omnium bonorum ist zunächst zu bemerken, daß tatsächlich nicht alles dem Verurteilten genommen wird; nicht eingezogen werden einmal wertlose Dinge und zweitens das, was der Verurteilte für seinen persönlichen Bedarf an Kleidern usw. braucht; Hadrian hat den Wert der ihm zu belassenden Sachen auf 5 aurei (ca. 100 M.) bestimmt.[2])

Eine Spezialbeschränkung findet sich beim Hochverrat dahin, daß den Kindern der Verurteilten die Rechte aus Freilassungen erhalten bleiben.[3])

Die Bemessung der Konfiskation im einzelnen wird in der folgenden Tabelle dargestellt, welche eine Übersicht über die wichtigsten Fälle gibt:

1. Totale Konfiskation.

Es wird verwiesen auf die in § 1 mitgeteilten Fälle, in denen es sich ausnahmslos um totale Konfiskation handelt. In der spätkaiserlichen Zeit findet sie sich überhaupt weniger; Justinian untersagte sie sogar für andere als Majestätsverbrechen aus-

[1]) die Ulpian zwar grundsätzlich für ungeeignet erklärt, allgemeines Strafmittel zu sein, im Einzelfalle jedoch zulassen will; D. 48, 19, 9, 10.

[2]) D. 48, 20, 6 pr. [3]) D. 37, 14, 4. 48, 4, 9.

drücklich[1]) und gestattete nur ganz bestimmten hohen Beamten, die Vollstreckung ohne vorherige kaiserliche Genehmigung vorzunehmen.[2]) Sie erscheint u. a. auch noch bei ungerechtfertigter Scheidung, wegen welcher der Schuldige ins Kloster gesteckt und dementsprechend seiner weltlichen Habe beraubt wird,[3]) sowie bei Verletzung staatlicher Monopole.[4])

2. Verlust der Hälfte des Vermögens,

Gewisse Sittlichkeitsverbrechen.[5])

Plagium (in älterer Zeit.)[6])

Kastration von Sklaven.[7])

Eine zuweilen auftretende Bemessung ist: das halbe Vermögen weniger 1000 As.[8])

3. Verlust eines Drittels des Vermögens.

Vis privata nach dem milderen Julischen Gesetz.[9])

Gewisse Sittlichkeitsverbrechen verheirateter Frauen.[10])

4. Verlust eines Viertels des Vermögens.

Verschleppung von Kriminalprozessen durch den Ankläger.[11])

5. Verlust eines unbestimmten, vom Richter zu bestimmenden Teils.

Ungetreue Rechtsbeistände.[12])

Abtreibung.[13])

Relegatio in perpetuum.[14])

Entziehung vom Kriegsdienst.[15])

Bemerkt sei schließlich noch, daß Ehefrauen in gewissen Fällen die dos ganz[16]) oder teilweise[17]) genommen wird.

---

1) Nov. 17, 12. 134, 13. 2) C. 9, 48, 1. 3) Nov. 134, 11.
4) C. 4, 59, 2, 2. 5) I. 4, 18, 4.
6) Nachweis b. Mommsen S. 782 A. 6.
7) D. 48, 8, 6. 8) z. B. Cato b. Gellius 6, 3, 37.
9) D. 48, 2, 12, 4. 48, 7, 1 pr.; 8.
10) Vgl. Anm. 6.
11) C. 9, 44, 1. 12) D. 48, 19, 3, 8. 13) D. 48, 19, 38, 5.
14) D. 48, 22, 4. 15) D. 49, 16, 4, 11. 16) D. 48, 20, 3.
17) D. Vgl. A. 6.

II. Die Höhe der Geldstrafe drückt sich im Urteil natürlich in Gestalt einer bestimmten Zahl aus. Dagegen erfolgt ihre Bemessung in den römischen Strafgesetzen, d. h. also die Bemessung der Strafandrohungen, in dreifacher Weise: entweder bereits durch Angabe einer bestimmten Geldsumme, oder dadurch, daß die Höhe der Strafe in eine Beziehung zu der begangenen Tat gesetzt wird, oder schließlich durch völliges Anheimstellen an das Ermessen des Richters. Die erste Strafe können wir als eine fixe, die letzte als eine arbiträre bezeichnen; die zweite ist eine gemischte Strafe. Welche von diesen drei Arten zu verwenden ist, bleibt der Bestimmung des Einzelfalles vorbehalten. Die Quellen ergeben nur geringen Anhalt für die Methode der Verwendung. So findet sich z. B. wiederholt die Verwendung arbiträrer Strafen bei Verletzung von Rechtsgütern die einen wechselnden Wert haben, während bei Verletzung von Gütern unschätzbaren oder aber unveränderlichen Wertes eine fixe Strafe dann eintritt, sobald auch der Schaden ein fixer, also z. B. das betr. Gut total vernichtet ist. Einen Beleg hierfür bildet z. B. J. 4, 5, 1, wo für die fahrlässige Tötung (fixer Schaden) eines Freien (unschätzbares Gut) eine fixe Strafe von 50 aurei bestimmt, dagegen bei fahrlässiger Körperverletzung) (variabler Schaden) die Bestimmung der Strafe dem Richter überlassen wird; ebenso tritt bei Verletzung oder Tötung eines Sklaven (Gut veränderlichen Wertes) stets arbiträre oder gemischt-arbiträre Strafe ein.[1]) Man wird nicht umhin können, diese Methode der Differenzierung als eine ganz vorzüglich logische zu bezeichnen. — In manchen Fällen konkurrieren fixe und arbiträre Strafen; jene treten ein, wenn ein Unbeteiligter (quivis ex populo), diese, wenn ein Beteiligter klagt, ebenfalls eine sehr sachgemäße Bestimmung, welche durch die weitere, daß die arbiträre Strafe mindestens so hoch sein müsse, wie die fixe,[2]) treffend ergänzt wird.

Die Übung, fixe Strafen aufzustellen, stammt bereits aus dem Zwölftafelgesetz und soll dort eingeführt sein, weil bei der großen Armut der damaligen Bevölkerung die fixierten Sätze

[1]) Vgl. z. B. D. 9, 2, 2 pr. [2]) D. 47, 12, 3, 8.

als angemessene Sühne erschienen und die in späterer Zeit beliebte Abschätzung des Schadens undurchführbar gewesen sei.[1]) Wenn nun auch allerdings im späteren römischen Strafrecht die arbiträren und gemischt-arbiträren Strafen überwiegen, so nehmen dennoch auch die fixen Geldstrafen, mit der erklärlichen Ausnahme des Gebietes der crimina privata, einen breiten Raum ein, insbesondere auch in den Munizipalgesetzen.[2]) Eine erschöpfende Aufzählung aller einzelnen Fälle kann natürlich nicht gegeben werden; es ist in der folgenden Tabelle nur versucht worden, eine einigermaßen vollständige Übersicht der zur Zeit Justinians üblichen fixen Geldstrafen mit Beispielen zu geben; zum Vergleich sind ihnen einige der aus der Periode des Zwölftafelgesetzes überlieferten Geldstrafen gegenübergestellt worden.

Lex duodecim tabularum

25 As (5 M.)[3])

Iniuria.[4])

Baumfrevel.[5])

---

[1]) I. 4, 4, 7.

[2]) Vgl. l. Genet. c. 130 (Bruns, S. 138), l. Malac. c. 61 (Bruns S. 151).

[3]) Für die Umrechnung der Werte sei das folgende bemerkt: Die Strafen der Zwölftafelperiode sind in Assen ausgedrückt. Das Libralas wog 5/6 Pfd. = 327,45 g und hatte einen Wert von etwa 0,47 M. Ob das As jener Zeit noch das Libralas gewesen ist, läßt sich wohl mit Sicherheit nicht feststellen. Mommsen (S. 802 z. B.) scheint anzunehmen, daß die Münzeinheit jener Zeit das Semilibralas war.

Die Strafen der Justinianäischen Zeit sind überwiegend in Aurei ausgedrückt. Der aureus war zu Cäsars Zeit, als er zuerst geprägt wurde, = 1/40 Pfd. Gold = 22,83 M. Schon zu Mark Aurels Zeit betrug der Wert nur noch 1/42 Pfd. Gold = 21,75 M.; seit Caracalla war er 1/50 Pfd. Gold = 18,27 M. Das Pfund Gold hatte den Wert von 913,50 M. und wurde in 12 Unzen (je = 76,125 M.) geteilt. Daneben bestanden Sesterzen und Solidi. 100000 Sesterzen hatten zur Zeit der Republik einen Wert von 17550 M., zur Kaiserzeit einen solchen von 21750 M. Der Solidus war ursprünglich 1/72 Pfd. Gold (C. 10, 72, 5), doch tritt dieser Wert nur noch in älteren Konstitutionen hervor (z. B. C. 1, 54, 6); später wird er dem Aureus gleichgesetzt (z. B. C. 3, 2, 3pr.). Es ergeben sich hiernach folgende Ansätze:

1000 aurei (solidi) = 20 librae auri = 240 unciae = 18270 M. und 100000 Secterzen = 21750 M. Die Quellen setzen aber die Werte von 1000 aurei und 100000 Sesterzen als in der Regel gleich an (so ausdrückl. I. 3, 7, 3). Deshalb sind auch

150 As (30 M.)

Schwere Körperverletzung eines Sklaven.[1])

300 As (60 M.)

Schwere Körperverletzung eines Freien.[2])

3020 As (= 30 Rinder + 2 Schafe, 604 M.)

Strafgrenze für magistrale Koerzition.[3])

Justinianäische Periode.

3 aurei (60 M.)

Strafgrenze für mittlere Beamte gegen untere Beamte.[4])

6 aurei (120 M.)

Strafgrenze für höhere Beamte gegen untere Beamte.[5])

10 aurei (200 M.)

Aufhängen gefährlicher Gegenstände an öffentlichen Plätzen.[6])

12 aurei (240 M.)

Strafgrenze für gewöhnliche Provinzialbeamte.[7])

18 aurei (360 M.)

Strafgrenze für richterliche u. a. Provinzialbeamte.[8])

20 aurei (400 M.)

Zurückhalten von Schiffen bei drohender Teuerung.[9])

---

in der obigen Tabelle 100000 Sesterzen = 1000 aurei gesetzt und zum Vergleich mit heutigen Werten das annähernde arithmetische Mittel von 20000 M. gewählt worden. Auch ist aus praktischen Gründen zwecks besserer Übersichtlichkeit der Solidus dem Aureus auch für die ältere Zeit durchweg gleichgestellt, daher auch 1 Pfd. Silber = 5 Aurei (nach C. 10, 78, 1 richtig = 5 Solidi), ingleichen 1 Pfd. Erz = $^1/_{20}$ Aureus (nach C. 10, 29, 1 richtig = $^1/_{20}$ Solidus) gesetzt worden. Den in der Tabelle angegebenen Werten, welche in den Quellen in der verschiedensten Weise angegeben sind, liegt also folgender Ansatz zugrunde:

100000 Sesterzen = 1000 Aurei (Solidi) = 20 librae auri = 240 unciae auri = 200 librae argenti = 2400 unciae argenti = 20000 Pfd. aeris = 20000 M.

Die Abweichungen vom genauen Resultat lassen sich hiernach leicht berechnen.

4) Tab. VIII, 4. 5) Tab. VIII, 11 (Plin. nat. hist. 17, 1, 7).

1) Tab. VIII, 3. 2) Tab. VIII, 3.

3) Festus s. v. maximam (p. 144).

4) C. 3, 2, 3 pr. 5) C. 3, 2, 3 pr. 6) I. 4, 5, 1.

7) C. 1, 54, 6 pr. 8) C. 1, 54, 6, 2. 9) D. 48, 12, 2, 2.

36 aurei (720 M.)

Strafgrenze für Prokonsuln.[1]

40 aurei (800 M.)

Beerdigen von Leichen innerhalb des Stadtweichbildes.[2]

50 auri (1000 M.)

Fahrlässige Tötung eines Freien.[3]

Entfernen oder Verrücken eines Grenzsteins.[4]

Klagen eines Freigelassenen gegen einen Haussohn des Patrons.[5]

Veranlassen, daß ein fremder Sklave ausgehoben wird.[6]

Privatbenutzung von für Volksbelustigungen bestimmten Pferden.[7]

Benutzung der Staatspost oder Inanspruchnahme von Frohnfuhren durch Beamte.[8]

Mittlere Beamte, welche veranlassen, daß sie in ihre Heimatsprovinz gesandt werden.[9]

Aufnahme eines fremden Gutsuntertanen.[10]

Verwendung von Soldaten zu privaten Diensten.[11]

Erwerb von Reichspost-Pferden.[12].

60 aurei (1200 M.)

Aufnahme eines flüchtigen Sklaven.[13]

100 aurei (2000 M.)

Gräberverletzung (Popularklage).[14]

Amtserschleichung durch Munizipalbeamte.[15]

Aufnahme von Sklaven in d. corpus tenuiorum ohne Wissen des Herrn.[16]

Nachlässigkeit von Beamten bei der Verfolgung flüchtiger Sklaven.[17]

Vorzeitige Testamentseröffnung.[18]

---

1) C. 1, 54, 6, 1, 2) D. 47, 12, 3, 5. 3) I. 4, 5, 1. D. 9, 3, 1 pr.
4) D. 47, 21, 3 pr. Vgl. lex Julia agraria C. 55 (Bruns S. 97).
5) D. 2, 4, 12; 24; 25. 6) C. 12, 43, 2. 7) C. 11, 41, 2.
8) C. 12, 50, 20. 9) C. 12, 59, 3, 2. 10) C. 11, 64, 2.
11) C. 12, 35,15. Vgl. 12, 37, 17. 12) C. 12, 50, 17. 13) C. 12, 48, 12.
14) D. 47, 12, 3 pr. 15) D. 48, 14, 1, 1. 16) D. 47, 22, 3, 2.
17) D. 47, 15, 3, 3. 18) D. 29, 5, 25, 2.

Aneignung von zum Sammeln von Purpurschnecken und Muscheln bestimmten Schiffen.[1])

150 aurei (3000 M,)

Fortbringen eines Sklaven aus den kaiserlichen Werkstätten.[2])

Höhere Beamte, die veranlassen, daß sie in ihre Heimatprovinz geschickt werden.[3])

Verletzung der Vorschriften über Haft durch den Munizipalrat.[4])

Ehrfurchtsverletzung höherer Beamter untereinander.[5])

200 aurei (4000 M.)

Fahrlässige Tötung eines Freien durch ein unerlaubt gehaltenes Tier.[6])

Wohnen in einem Grabdenkmal oder unbefugte Errichtung eines Bauwerks auf einem Grabe.[7])

250 aurei (5000 M.)[8])

Ungerechtfertigter Rücktritt von einer Anklage.[9])

Vernachlässigung der Aufsicht über Gefangene.[10])

Verletzung der Vorschriften über das Halten von Löwen.[11])

Verletzung der Vorschriften zur Sicherung eines regelmäßigen Postverkehrs.[12])

Verletzung kirchlicher Privilegien.[13])

Erwerb von Bäumen aus gewissen Schonungen.[14])

300 aurei (6000 M.)

Beginn öffentlicher Arbeiten, Vornahme von Veränderungen an Bauwerken u. ä. ohne kaiserliche Genehmigung.[15])

400 aurei (8000 M.)

Gewährung bestimmter öffentlicher Rechte an Ketzer.[16])

---

1) C. 11, 8, 9. 2) C. 11, 8, 6; vgl. 5.

3) C. 12, 59, 3. 4) C. 1, 4, 9.

5) C. 1, 48, 3; 12, 19, 2. 6) D. 21, 1, 42. 7) D. 47, 12, 3 pr.

8) Nicht aufgenommen, weil dem speziellen Beamtenrecht angehörend: C. 10, 72, 13. 10, 32, 47. 1, 40, 6. 12, 29, 1, 1. Nov. 128, 1.

9) D. 47, 15, 3, 3. 10) C. 3, 3, 1. 11) C. 11, 45, 1, 1.

12) C. 11, 50, 8. 13) C. 1, 3, 13. 14) C. 11, 78, 1; 2.

15) C. 11, 8, 13 pr.; 1. 16) C. 1, 5, 12, 14.

500 aurei (10000 M.)[1])

Plagium.[2])

Gestatten von Ketzerzusammenkünften durch Hausverwalter, Mieter u. a.[3])

Anwesenheit bei Religionsgesprächen von Ketzern.[4])

Geldunterstützung gegenüber Ketzern.[5])

Plündern von Grabdenkmälern.[6])

Verfälschung bestimmter gerichtlicher Urkunden.[7])

Prozeßverschleppung durch Richter.[8])

Baupolizeikontraventionen.[9])

Versuch der Richterbestechung.[10])

Aufhalten von öffentlichen Getreidetransportschiffen.[11])

Vernachlässigung der Fürsorge für zurückgekehrte Kriegsgefangene durch Geistliche und Beamte.[12])

Unbefugte Entnahme von Wasser aus öffentlichen Leitungen.[13]).

Verletzung der Vorschriften über allgemeine Pferdemusterungen.[14])

Versuch von Beamten, Eheschließungen zu beeinflussen.[15])

Verletzung von Inkompatibilitätsvorschriften.[16])

Wiedertaufe durch Ketzer.[17])

Verletzung der Vorschriften über Ladung und Zustellung durch Richter.[18])

Dulden von Bordellen durch Hauswirte.[19])

600 aurei (12000 M.)

Verletzung bestimmter Weideschongesetze.[20])

---

[1]) Nicht aufgenommen, weil dem speziellen Beamtenrecht angehörend: C. 1, 5, 8, 13; 20, 8. 9, 45, 1. 9, 4, 6, 8. 10, 32, 4. 12,40, 5. 12, 21, 2. 12, 20, 6, 4. 1, 40, 6. 1, 51, 6. 12, 29, 1. Nov. 60, 2, 1. 134, 9. 128, 3; weil dem speziellen Kirchenrecht angehörend: C. 1, 3, 38. 1, 4, 20.

[2]) Vgl. Mommsen S. 782 A. 1.

[3]) C. 1, 5, 5, 1; 8, 5. [4]) C. 1, 5, 8, 11. [5]) C. 1, 5, 20, 7.

[6]) C. 9, 19, 4, 1. [7]) D. 2, 1, 7 pr. [8]) C. 3, 1, 13, 8.

[9]) C. 8, 10, 12, 5 e. [10]) D. 9, 14, 34. [11]) C. 11, 2, 1.

[12]) C. 8, 50, 20, 5. [13]) C. 11, 43, 11. [14]) C. 12, 24, 1, 2.

[15]) C. 7, 5, 1 pr.

[16]) Für Advokaten: C. 1, 51, 14, 3. Für militärische Befehlshaber: 12, 33, 5, 1.

[17]) C. 1, 6, 3, 1. [18]) Nov. 112, 2, 1.

[19]) Nov. 14, 1. [20]) C. 11, 61, 2.

750 aurei (15000 M.)[1].

1000 aurei (20000 M.)[2].

Beamte, welche die Verfolgung bestimmter Delikte vernachlässigen.[3])

Richter, welche einen Strafprozeß länger als 2 Jahre ausdehnen.[4]).

Unbefugter Erwerb kirchlicher Gegenstände.[5]).

Verletzung der Vorschriften über Haft durch Richter.[6])

1250 aurei (25000 M.[7])

1500 aurei (30000 M.[8])

Ketzer, welche sich ein öffentliches Amt verschaffen.[9])

Heiden und Juden, welche christliche Sklaven halten.[10])

Ungesetzliche Berufungszurückweisung durch einen Richter.[11])

Verletzungen der Bestimmungen üb. Einquartierungslasten.[12])

Ungerechtfertigte Vorladung eines Bischofs.[13])

Ungehorsam eines Richters gegen ein kaiserliches Reskript.[14])

Nichtverfolgung kirchlicher Eingriffe in die Rechtspflege.[15])

2000 aurei (40000 M.[16])

2500 aurei (50000 M.[17])

Strafgrenze für Präfekten.[18])

---

1) Nicht aufgenommen, weil dem speziellen Beamtenrecht angehörend: C. 1, 2, 24. 10, 30, 4. 12, 49, 10.

2) Nicht aufgenommen, weil dem speziellen Beamtenrecht angehörend: C. 1, 5, 5, 1; 18, 10. 9, 19, 3. 12, 21, 4, 3. 10, 30, 4. 10, 23, 2; 4. 11, 8, 10. 11, 9, 5. 11, 16, 1. 12, 50, 9. 12, 59, 6. Nov. 34, 1. 60, 2, 1. 85, 3, 1. 112, 2, 1; weil dem speziellen Kirchenrecht angehörend: C. 1, 4, 20.

3) C. 1, 5, 5, 1. 11, 41, 7. 4) C. 9, 44, 3.

5) C. 1, 2, 24, 3. 6) C. 1, 4, 9, 1.

7) Dem speziellen Beamtenrecht angehörend: C. 10, 32, 59.

8) Dem speziellen Beamtenrecht angehörend: C. 1, 5, 18, 10. 2, 15, 2, 2. 4, 5, 6. 1, 27, 20. 10, 23, 3, 1. 1, 27, 2, 17a. 1, 55, 10. Nov. 8, 13. 128, 1. C. 10, 11, 8, 11. 10, 27, 3, 2. 1, 4, 17. 11, 10, 7, 2.

9) C. 1, 5, 12, 13. 10) C. 1, 10, 2. 11) C. 7, 62, 21. 12) C. 12, 40, 2, 3.

13) C. 1, 3, 22 pr. 14) C. 1, 14, 2. 15) C. 1, 4, 6, 1.

16) Dem Beamtenrecht angehörend C. 4, 59, 2, 2.

17) Dem Beamtenrecht angehörend: C. 1, 5, 12, 15; 18, 11. 1, 11, 7, 3. 10, 15, 13, 5. 12, 49, 10, 2. 12, 50, 23, 1. 8, 12, 2. 4, 59, 2, 2. 10, 11, 8, 10. 10, 27, 1, 7; 9. 1, 51, 11. 12, 9, 3. 18) C. 1, 54, 4.

Bau neuer Synagogen.[1])

Plünderung von Grabdenkmälern durch angebliche Gläubiger des Toten.[2])

Verletzung der Unabhängigkeit von Advokaten durch Beamte.[3])

Hindern der Arbeiten in kaiserlichen Waffenfabriken.[4])

Ausschmückung von Reitzeug und Waffen mit bestimmten kostbaren Edelsteinen.[5])

Veräußerung von Schatullgütern an der Ostgrenze.[6])

Unbefugte Testamentseröffnung durch Richter oder Kirchenvorsteher.[7])

Militärgerichte, welche Zivilpersonen vor ihr Forum ziehen.[8])

5000 aurei (100000 M.[9])

Halten bewaffneter Mannschaften.[10])

Verletzung bestimmter Vorschriften über Einquartierungslasten.[11])

Ausübung oder Einräumung einer Servitut an bestimmten kaiserlichen Wasserleitungen.[12])

Aufnahme eines Steuerpflichtigen in die Klientel eines Nobilis, um ihn der Besteuerung zu entziehen.[13])

Zulassung eines Nichtkatholiken zu Advokatur.[14])

Unbefugte Einstellung von Soldaten.[15])

10000 aurei (200000 M.)

Kaiserliche Schatzmeister, welche die dauernde Übertragung von Schatullgütern an Dritte seitens dauernd Berechtigter dulden.[16])

Heranziehung entlasteter Grundstücke zu Steuern bzw. Unterlassung der Erhebung der für sie zu entrichtenden Pacht.[17])

Bei den gemischt-arbiträren Strafen wird, wie bereits bemerkt, eine Beziehung zwischen der Tat und der Strafe hergestellt und zwar in der Art, daß die Strafe ein fixiertes Vielfaches

---

1) C. 1, 9, 18, 2. 2) C. 9, 19, 6. 3) C. 2, 7, 6.
4) C. 11, 10, 7, 2. 5) C. 11, 12, 1 pr. 6) C. 11, 62, 13.
7) C. 1, 3, 40. 8) C. 1, 46, 2.
9) Dem Beamtenrecht angehörend: C. 9, 12, 10, 2. 12, 37, 18, dem speziellen Militärrecht: C. 12, 37, 13. 12, 35, 17, 1.
10) C. 9, 12, 10, 1. 11) C. 12, 40, 9, 4. 12) C. 11, 43, 6 pr. 13) C. 11, 54, 1, 1.
14) C. 1, 4, 15. 15) C. 12, 35, 17, 1. 16) C. 11, 71, 5, 2. 17) C. 10, 28, 1, 2.

des vom Richter arbitrierten Schadens beträgt. Nachstehende Tabelle veranschaulicht die üblichsten Berechnungen an Beispielen, die verschiedenen rechtsgeschichtlichen Perioden entnommen sind:

$^1/_{10}$ des Schadens.

Erheben unberechtigter Ansprüche nach älterem Recht.[1]

Das 1fache des Schadens.

Fahrlässige Brandstiftung.[2]
Sachbeschädigung grundsätzlich.[3]

Das 1fache des Schadens + $^1/_3$.

Einbehaltung öffentlicher Gelder.[4]

Das 2fache des Schadens.

Leugnen gewisser Privatklageansprüche.[5]
Einfacher Diebstahl.[6]
Entwenden von geopferten Feldfrüchten durch Unmündige.[7]
Körperverletzung durch Ausgießen und Herunterwerfen aus Fenstern.[8]
Baumfrevel.[9]
Falsche Anschuldigung von Sklaven.[10]
Verwenden falscher Maße.[11]
Überschreiten der Strafgrenzen durch einzelne Beamte.[12]
Erheben unberechtigter Eigentumsansprüche.[13]
Untreue eines Vormundes.[14]
Unberechtigtes Erheben von Steuern.[15]
Nachlässige Vollstreckung von Vermögensstrafen.[16]

---

1) J. 4, 16, 1. 2) Tab. VIII, 10. D. 47, 9, 9.
3) Gaius 3, 210. D. 9, 2, 2 pr.
4) D. 48, 13, 5, 2. Derartige Zuschläge zu der Grundgebühr der Strafe finden sich mehrfach; vgl. l. Genet. c. 61: dupli damnas esto colonisque eius coloniae HS CCIƆƆ CCIƆƆ dari damnas esto (Bruns S. 124).
5) Gaius 4, 171. D. 9, 2, 2, 1.
6) Gaius 3, 190 J. 4, 6, 18. Analoge Anwendung C. 6, 2, 11; 19.
7) Tab. VIII, 9. 8) J. 4, 5, 1. 9) D. 47, 7, 7, 7. 10) D. 48, 5, 28 pr.
11) D. 48, 10, 32. 12) C. 1, 54, 6, 4.
13) Lex XII tab. nach Festus s. v. vindiciae.
14) Lex XII tab. nach D. 26, 7, 55, 1.
15) D. 39, 4, 9, 5. 16) C. 9, 49, 7, 4.

Verzögerung in der Annahme von Geldern durch öffentliche Einnehmer.[1])

Einsperren der Kinder eines Schuldners.[2])

Das 3fache des Schadens.

Diebstahl mit Auffinden der gestohlenen Sachen beim Täter.[3])

Unberechtigte zwangsweise Eintreibung von Steuern.[4])

Das 4fache des Schadens.

Handhafter Diebstahl.[5])

Wucher.[6])

Beutediebstahl.[7])

Ämterkauf und Ämterverkauf.[8])

Nichtablieferung von Vermögensstücken Proskribierter durch Dritte.[9])

Käufe von Beamten im Kreise ihrer Dienstfunktionen.[10])

Erpressung.[11])

Verbringung von Sklaven nach Illyrien.[12])

Nachlässigkeit gewisser Kassenbeamter.[13])

Das 8fache des Schadens.[14])

Im 1. Jahr das 2fache, dann das 1fache.

Diebstahl bei Auflauf.[15])

Im 1. Jahr das 3fache, dann das 1fache.

Raub.[16])

Im 1. Jahr das 4fache, dann das 1fache.

Diebstahl bei gemeiner Gefahr.[17])

---

1) C. 10, 72, 1, 1. 2) Nov. 134, 7.

3) Lex XII tab. nach Gaius 3, 191.

4) D. 39, 4, 9, 5. In J. 4, 6, 25 ist offenbar ausnahmsweise die beigetriebene Summe in das Vielfache miteingerechnet worden; das geht u. E. aus Nov. 124, 3 hervor.

5) Gaius 3, 189. 6) L. XII tab. 18a (Bruns 32).

7) D. 48, 13, 15. 8) C. 9, 27, 6, 1. Vgl. 9, 47, 26, 7.

9) C. 49, 9, 11. 10) D. 18, 1, 46. 11) J. 4, 6, 25.

12) C. 11, 53, 6, 2; zu erklären aus der besonderen Rechtsstellung Illyriens.

13) C. 11, 58, 6.

14) Cic. in Verr. 3, 10; in den Quellen sonst nicht nachweisbar und offenbar eine von Verres Willkürmaßregeln; übereinst. Mommsen S. 1021 A. 2.

15) D. 47, 8, 4 pr. 16) J. 4, 2 pr.; 4, 6, 19.

17) D. 47, 9, 1 pr.; fraglich kann allerdings sein, ob der Wert der Sache in

Für die Arbitrierung des Schadens im Einzelfalle werden eine Reihe von Grundsätzen aufgestellt, deren wichtigsten die folgenden sind: Das in den Quellen angegebene Vielfache ist in der Regel zu verstehen zuzüglich der eventuellen Rückgabe der beschädigten Sache. Der Wert dieser selbst ist also grundsätzlich in dem Vielfachen nicht enthalten und wird bei event. Rückgabe von diesem nicht abgezogen[1]; Untergang der Sache im Laufe des Verfahrens und folgeweise Unmöglichkeit der Rückgabe ist auf die Bemessung der Strafe ebenso einflußlos[2]) wie die tatsächlich geschehene Rückgabe der Sache.[3]) — Der Sachwert selbst wird zunächst objektiv berechnet, ohne Rücksicht darauf, ob der verbrecherische Wille sich auf den ganzen angerichteten Schaden erstreckte.[4]) Für bestimmte Sachen, bei denen die Berechnung des Wertes zweifelhaft sein kann, wird dieser ausdrücklich bestimmt, so z. B. für Schuldscheine u. ä. auf die Höhe der darin angegebenen Summe, weil diese dem Werte des Papiers als Beweisurkunde entspreche.[5]) Wird ein Pfand gestohlen, so wird sein Wert der Berechnung zugrunde gelegt; wenn aber der Schuldner selbst es stiehlt, der Wert der pfandversicherten Forderung mit allen ihren Akzessorien[6]); das Gesetz geht offenbar davon aus, daß in einem solchen Falle der dritte dem Gläubiger das Pfand als Ding an sich, der Schuldner dagegen das Pfand als Befriedigungsmittel der Forderung entziehen wolle. — Weiter wird, um einen möglichst gerechten Ausgleich herbeizuführen, bestimmt, daß stets der Sachwert zur Zeit der Tat eingesetzt werden soll,[7]) mit der bekannten Ausnahme der gegen Kap. 1 und 3 der lex Aquilia

---

das Vielfache schon miteingerechnet ist. Die in J. 4, 2 pr. und 4, 6, 19 enthaltene Erklärung ist allerdings in tit. D. 47, 9 nirgends zu finden, während wiederum verschiedene Schriftsteller die Klage der aus dem Raube ganz gleichzustellen scheinen, so z. B. Gaius in fr. 5 h. t.

[1]) D. 47, 2, 48 pr. Eine Ausnahme findet eben beim Raub statt, wie J. 4, 2 pr. und 4, 6, 19 zeigen. Die ao. vi bonor. rapt. wird daher auch nichts als eine Pönalklage, sondern als ao. mixta bezeichnet, ebenso wie zuweilen die ao. legis Aquiliae u. a. Vgl. J. 4, 6, 18 ff.

[2]) D. 47, 2, 46 pr.; 50 pr.

[3]) D. 47, 8, 5. [4]) D. 47, 2, 78. [5]) D. 47, 2, 27; 83, 3. [6]) D. 47, 2, 88.

[7]) D. 47, 10, 21; 48, 19, 1 pr.

verstoßenden Delikte, bei denen der höchste Wert des letzten Jahres bzw. Monats ersetzt werden muß.[1])

Eingehende Regeln werden schließlich für die Abschätzung des Interesses, das grundsätzlich zur Berechnung des Sachwertes dient, aufgestellt.[2]) Diese Regeln sind jedoch zu mannigfaltig und führen zu weit von unserem eigentlichen Thema ab, um sie im einzelnen hier aufzuzählen.

Erwähnt seien an dieser Stelle auch die Fälle, in denen die Strafe nicht in eine innere, sondern in eine rein äußerliche Beziehung zur Tat gesetzt wird; so trifft zw. den pflichtvergessenen Ankläger im Extreordinarverfahren die Strafe des Delikts, von dessen Anklage der eigentliche Täter infolge der Prävarikation freigesprochen worden ist.[3])

Neben den bisher behandelten Arten der fixen und gemischt-arbiträren Bemessung nimmt aber auch die rein arbiträre einen breiten Raum ein. Einige typische Fälle sind bereits oben erwähnt worden; eine auch nur einigermaßen vollständige Aufzählung zu geben, erscheint in gleicher Weise als unmöglich und auch unnötig. Verurteilung zu quanti ob eam rem aequum erit — die übliche Formel — erfolgt, wie erwähnt, stets dann, wenn die gesetzlichen Tatbestandsmerkmale die vorherige Abschätzung des Interesses als ganz unmöglich erscheinen lassen, also insbesondere da, wo die Eigenart des Falles die Berücksichtigung des Affektionsinteresses ausnahmsweise[4]) als angemessen erscheinen läßt, so namentlich bei der iniuria.[5]) Bezüglich der Abschätzung werden dem Richter einige Anhaltspunkte gegeben; insbesondere wird er darauf aufmerksam gemacht, welche Momente er zu berücksichtigen habe, nämlich: iniuria, quae facta est, lucrum eius, qui violavit, damnum quod contigit, temeritas eius, qui fecit.[6])

---

[1]) Gaius 3, 210ff.; D. 9, 2, 2 pr.

[2]) Man vgl. z. B. nun für die Sachbeschädigung: D. 9, 2, 2 pr.; 7 pr.; 21 pr., 2; 22; 23 pr., 3; 33; 55. D. 9, 3, 7; 8 pr.

[3]) D. 47, 15, 6. Einen ähnlichen Fall enthält D. 49, 14, 15, 1.

[4]) Bekanntlich wird es grundsätzlich nicht berücksichtigt, D. 9, 2, 33 pr. 7, 7, 6, 2. Vgl. 35, 2, 63 pr. [5]) Vgl. D. 47, 12, 3 pr.

[6]) D. 47, 12, 8; vgl. 6; 10 das. Auf die interessanten Einzelheiten des Pro-

Zum Schluß sei auch noch auf die eigentümliche Erscheinung der jährlichen Geldstrafen hingewiesen, wie sie sich z. B. in den Munizipalrechten finden; sie sind meist fix, so etwa die für Mitglieder des tarentinischen Gemeinderats, welche, ohne Hausbesitzer zu sein, Mitglieder des Rates sind, bestimmte Ordnungsstrafe von jährlich 5000 Sesterzen, also ca. 1000 M.[1])

Für die Bemessung aller Geldstrafen gelten einige prinzipielle Sätze, welche die römischen Grundanschauungen vom Zweck der Strafe ein wenig erkennen lassen. So vor allem die Regel, daß im Zweifel die Strafe niedrig zu bemessen sei, weil dies dem Geist der Strafgesetze entspreche.[2]) Als Strafmilderungsgrund gilt vornehmlich Armut,[3]) ein für die Verwendung von Vermögensstrafen zweifellos zu billigender Standpunkt. Das Geschlecht macht bei der Verwendung der Vermögensstrafen keinen Unterschied,[4]) wohl aber das Alter. Denn an Stelle der Geldstrafe tritt für Unmündige zuweilen leichte körperliche Züchtigung,[5]) ebenso wie bei ihnen die Geldstrafe oder Züchtigung in gewissen Fällen die Kapitalstrafe ersetzt.[6])

Schon früh war im römischen Recht das Institut der Strafrahmen für arbiträre und gemischt-arbiträre Vermögensstrafen eingeführt. Und zwar wurde regelmäßig eine Höchstgrenze fixiert. Oben ist bereits bei der Besprechung der römischen Terminologie darauf hingewiesen worden, daß das Wort multa auf die Möglichkeit der Steigerung der Geldstrafe bei fortgesetztem Ungehorsam hinweise. Zweifellos geschah diese Steigerung nach einem bestimmten System; die Einzelheiten dieses Systems lassen sich jedoch zurzeit nicht mit absoluter Gewißheit feststellen. Es erübrigt sich, den verschiedenen aufgestellten Theorien[7]) einen neuen Erklärungsversuch anzureihen. Es ge-

zesses über arbiträre Geldstrafen, insbes. die Frage, wann das Gericht unter dem — in der Regel auf eine fixe Summe zu stellenden — Antrage des Klägers bleiben darf, kann hier nicht näher eingegangen werden. Vgl. für diese strafprozessualen Fragen Mommsen S. 804ff.

[1]) Quellennachweis b. Mommsen S. 884 A. 5.

[2]) D. 48, 19, 42. [3]) C. 1, 54. 6, 6.

[4]) Magistrale Koerzition gegen Frauen D. 25, 4, 1, 3; Konfiskation D. 48, 20, 3.

[5]) Plinius bei Karlowa S. 172 A. 3. [6]) Tab. VIII, 9.

[7]) Vgl. Karlowa S. 167ff.; Zumpt 1, 1, 320ff.

nügt für uns die Feststellung, daß bereits in früher Zeit Maximalgrenzen eingeführt wurden. Man beschränkte sich zunächst auf für gewisse Spezialgesetze gegebene, allgemein gehaltene und dem richterlichen Ermessen Spielraum lassende Anordnungen, wie multare liceto dum minori parti familias taxat.[1]) Da aber derartige Bestimmungen offenbar nicht genügten, so fixierte man schließlich die Grenze der magistralen Geldstrafe für leichte Delikte auf zwei Schafe, für schwere Delikte auf zwei Schafe + 30 Rinder[2]) und ersetzte diese Bewertung einige Zeit nach dem Zwölftafelgesetz[3]) durch 20 bzw. 3020 Asse, indem man ein Schaf = 10 As und ein Rind = 100 As setzte.[4])

Die Strafgrenzen für die einzelnen Beamten der Kaiserzeit sind bereits in der Tabelle der fixen Strafen erwähnt worden. Bemerkt sei, daß eine höhere Strafe als 1 000000 Sesterzen, also ca. 200000 M., sich überhaupt in den Quellen nicht nachweisen läßt.[5])

III. In der Kaiserzeit wurde auch die Höhe der Sachenbuße, der pignoris capio, fixiert, eine der vielen, auf Erhaltung der Volksgunst berechneten Maßnahmen; bestimmte Zahlen sind uns nicht überliefert.[6])

Bemerkt sei schließlich, daß, wenn ein Beamter die Grenzen seiner Strafgewalt überschreitet, der Strafbescheid auch ohne Provokation ungültig ist.[7])

---

[1]) Lex Silia de pond. publ. Festus s. v. publica pondera (246) Lex lat. Tab. Bantin. Z. 12 (Bruns S. 54).

[2]) Festus s. v. maximam multam (144) ovibus (202) peculatus (237). An dieser lezten Stelle behauptet Festus, die Bestimmung sei in dem Menenisch-Sextischen Gesetz v. 451 enthalten gewesen; Dionysius (10, 50) u. a. verlegen sie in die lex Aternia-Tarpeja v. J. 453. Vereinigungsversuche bei Mommsen S. 50 A. 3.

[3]) Auch hier differieren die Zeitangaben. Livius (4, 30) schreibt das Gesetz den Konsuln Papirius und Julius d. J. 430 zu. Dionysius (9, 27) verlegt es im Anschluß an einen bestimmten Fall der Verhängung einer Metallgeldstrafe in das Jahr nach der Schlacht a. d. Cremera. Festus (s. v. peculatus ao.) bringt es in Verbindung mit der lex Aternia-Tarpeja. [4]) Festus a. O.

[5]) Sie findet sich außer in den in der Tabelle angegebenen Fällen der Corpus iuris noch bei Vernachlässigung des Kultus eines verstorbenen Kaisers (Dio Cass. 47, 18); wegen Gräberverletzung (Fragment Tudert; Bruns S. 155).

[6]) Tacit. ann. 13, 28; auch die Vollstreckung wurde damals gemildert, ebend.

[7]) C. 7, 64, 5.

§ 7.

Kumulation. Konkurrenz mit anderen Strafen.

Bezüglich der Frage der Kumulation ist auf die Bedeutung des Wortes multa hingewiesen und auch bereits erwähnt worden, daß die Methode der Kumulierung sich nicht mehr genau feststellen läßt. Ebenso sind bereits die jährlichen Geldstrafen, welche ja auch eine Art von Kumulation darstellen, genannt worden, ingleichen die für Real- und Idealkonkurrenz geltenden Regeln. Es sei deshalb zur Ergänzung noch hinzugefügt, daß wegen fortgesetzten Delikts in einem Jahr nur eine dreimalige Bestrafung stattfinden darf, mit Ausnahme einer Reihe ganz bestimmter schwerer Verbrechen.[1]

Daß die Konfiskation häufig mit anderen Strafen kumulativ konkurriert, insbesondere daß sie die notwendige Nebenstrafe gewisser Kapitalstrafen ist, wurde bereits auseinandergesetzt. Aber auch Geld- und Kapitalstrafe können miteinander verbunden werden. So trifft, wie bereits angeführt,[2] höher gestellte Vernachlässiger des Kultus eines verstorbenen Kaisers eine Strafe von 1000000 Sesterzen; daneben aber ist die Tat als Majestätsverbrechen mit Kapitalstrafe bedroht.[3]

§ 8.

Substitution. Umwandlung.

Schon im Zwölftafelgesetz wird für den Fall, daß wegen Armut des fahrlässigen Brandstifters die Verwendung der eigentlich angedrohten Vermögensstrafe des Schadensersatzes nicht durchführbar erscheint, eine andere Strafe substituiert.[4] Ähnliche Bestimmungen müssen auch für gewisse Fälle des schweren Diebstahls bestanden haben; denn die Kapitalstrafen treten nur ein, wenn ein Kompositionsvertrag nicht zustande kam;[5] die

---

1) C. 1, 54, 6, 3 u. 5. 2) S. Tabelle. 3) Dio Cass. 47, 18.
4) Tab. VIII, 10. D. 47, 9, 9. 5) D. 2, 14, 7, 14.

in Gestalt der poena quadrupli in den Quellen auftretende Zwangskomposition stammt aus der Zeit nach dem Zwölftafelgesetz.[1]) Andere Regeln über Substitution oder Umwandlung rechtskräftig erkannter Geldstrafen bestanden in älterer Zeit nicht.

In der Kaiserzeit finden sich zunächst ebenfalls einzelne Fälle der Substitution.[2]) Auch solche der Umwandlung treten jetzt auf.[3]) Aber erst in der Justinianäischen Periode wurde Ulpians allgemeiner Lehrsatz zum Gesetz: generaliter placet, in legibus publicorum iudiciorum vel privatorum criminum qui extra ordinem cognoscunt praefecti vel praesides, ut eis, qui poenam pecuniariam egentes eludunt, coercitionem extraordinariam inducant.[4]) Die Digeßen enthalten auch zahlreiche Anwendungsfälle dieses Satzes.[5])

§ 9.

Vollstreckung. Sicherung des Strafanspruchs. Haftung Dritter. Zahlung durch Dritte.

Die Regeln über die Vollstreckung der Vermögensstrafe sind überwiegend strafprozessualer Natur. Es soll daher hier nur kurz das erwähnt werden, was unmittelbar mit dem Wesen der Vermögensstrafe selbst zusammenhängt.

Für die Vermögensstrafen bestehen drei verschiedene Strafprozesse:[6]) das magistrale Multverfahren, in früherer Zeit mit evtl. Provokation an die Tributkomitien; die prätorische Klage auf feste Geldbuße, insbesondere bei crimina publica, und die prätorische Klage auf ästimatorische Geldbuße, namentlich bei Privatdelikten. Das Urteil ist rechtskräftig, sobald ein Rechtsmittel nicht mehr gegeben ist,[7]) also noch nicht, wenn der An-

---

[1]) Gaius 3, 189. [2]) C. 8, 10, 12, 5e; 9, 19, 6 i. f.

[3]) Vgl. C. 1, 54, 6, 6. 6, 1, 4, 2.

[4]) D. 48, 19, 1, 3. [5]) D. 2, 1, 7, 3. 47, 9, 9. 47, 10, 35.

[6]) Einzelheiten bei Mommsen S. 1014ff.

[7]) D. 48, 19, 2, 2. In D. 50, 16, 244 bedeutet „victus est“ den Erlaß eines rechtskräftigen Urteils.

geklagte oder der Ankläger stirbt, während die Sache in der zweiten Instanz sich befindet.[1] Erst im Augenblick der Rechtskraft darf die Vollstreckung beginnen.[2]

Die magistrale Mult wurde, solange sie in Häuptern Vieh bestand, von dem betr. Beamten in natura beigetrieben;[3] später standen ihm Zwangsmittel, wie pignoris capio und in vincla ductio zur Verfügung.[4] In gleicher Weise erfolgte die Beitreibung kriminell verhängter Geldstrafen und die Einziehung verfallener Vermögen.[5] Die Vollstreckung der Judikatsansprüche aus delicta privata schließlich ist die gleiche, wie bei zivilrechtlichen Judikatsansprüchen.

Der staatliche Anspruch wird zuweilen durch Erfordern einer Sicherheitsleistung vom Angeklagten gesichert, so insbesondere beim Repetundendelikt; hier muß der Angeklagte Kaution stellen, sobald die Schuldfrage von den Geschworenen bejaht ist, ohne daß aber die Ästimation bereits erfolgte.[6]

Der Erfolg der Vollstreckung selbst wird durch eingehende Vorschriften über die Art und Weise der Durchsuchung und Pfändung sichergestellt.[7] Werden bei einer nochmaligen Durchsuchung neue Vermögensstücke gefunden, so muß der nachlässige Vollstreckungsbeamte den doppelten Wert der bei der ersten Pfändung ihm entgangenen Pfandobjekte aus eigener

---

1) C. 9, 6, 6, 2. 2) D. 48, 20, 2; 11. Vgl. 48, 22, 18.

3) Varro 5, 95.

4) Die Beitreibung von dem Fiskus geschuldeten Geldern erfolgt im allgemeinen durch den Inhaber des betr. imperiums (= Strafverhängungsgewalt) pignus capiendo, corpus retinendo, multam dicendo = Pfändung, Haft, Ordnungsstrafe; D. 48, 13, 11, 6.

5) Vgl. C. 9, 6, 6.

6) Lex Acilia Z. 57 ff. (Bruns 68). Nach Erlaß des Urteils übernimmt der Prätor die Verteilung, Z. 69 das. In diesem Verfahren ist aber nicht mit Mommsen (S. 1022 u. A. 5) etwa eine antizipierte Strafvollstreckung zu erblicken. Ob das Geld in das Eigentum des Staates übergeht, ist unerheblich, an Stelle des hinterlegten Geldes tritt dann die Forderung gegen den Fiskus. Auch der Umstand, daß bei mangelnder Sicherheitsleistung Beschlagnahme und Verkauf des Vermögens eintritt (l. Acil. a. O.), ändert nichts an der Tatsache, daß es sich nur um eine, wenn auch zwangsweise durchgeführte, vorläufige Sicherung, nicht eine Vollstreckung handelt.

7) C. 9, 49, 7, 1 ff.

Tasche bezahlen;[1]) andrerseits erhalten Personen, welche Konfiskationsfälle nachweisen, Belohnungen.[2])

Die Haftung Dritter für die gegen einen Delinquenten verhängte Vermögensstrafe, welche ja dem höchstpersönlichen Charakter der Strafe widerspricht, tritt in den Quellen nur ganz sporadisch auf. Neben dem Fall der Bürgschaft, in welchem ja die Haftung auf dem freien Willen des Haftenden beruht, seien die folgenden Fälle der Haftung kraft Gesetzes erwähnt:

Söhne bestimmter hoher Beamter haften für die Strafen aus Repetundendelikten ihrer Väter.[3])

In gleicher Weise haften Statthalter für ihre Frauen.[4])

Vormünder haften für gewisse Delikte ihrer Mündel.[5])

Werden ausnahmsweise mehrere Mittäter zur Zahlung einer Strafsumme nach Kopfteilen verurteilt, so haften sie für etwaige Ausfälle bei Zahlungsunfähigkeit eines von ihnen.[6])

Nicht hierher gehören die actiones adiecticiae qualitatis, welche sich teils aus der eigentümlichen Organisation der römischen Hausgewalt, teils aus dem Mangel einer direkten Stellvertretung erklären; ferner nicht die Haftung des Wohnungsin-

---

[1]) C. 9, 49, 7, 4.

[2]) Tit. C. 10, 11, insbes. c. 8. Diese Bestimmungen haben offenbar ihren praktischen Erfolg nicht verfehlt. Sogar die Dichter besingen die Geschicklichkeit der Gerichtsvollzieher:

Non illo (sc. dem unter dem Gestirn des Haedus Geborenen,
also vir sollertis animi) coram digitos quaesiverit hasta
Defueritve bonis sector, poenamque lucretur
Noxius, aut patriam fraudarit debitor aeris.
Cognitor est urbis.

Manil. Astron. 5, 318ff.

oder schwärmen von weniger schweren Zeiten:

Non hasta refixas
Vendit opes, avida sector non voce citatur.

Claudian. de IVto. consul. Honorii.

[3]) Lex Acilia Z. 2, 3 (Bruns 59).

[4]) D. 1, 16, 4, 2.

[5]) C. 9, 24, 1, 7. Eine Kulpapräsumtion — wenigstens bezgl. des begangenen Deliktes — kann wohl in den Worten: quoniam ignorare eos, quid in re pupilli geritur, non oportet, nicht erblickt werden.

[6]) D. 1, 16, 4, 2.

habers bei der ao. de effusis et deiectis, welche auf einer Kulpapräsumtion beruht.[1]) Auch dem receptum cauponum liegen wohl andere, zivilrechtliche Erwägungen zugrunde.

Daß die Ersetzung gezahlter Vermögensstrafen durch Dritte zum mindesten nicht strafbar gewesen, lehren verschiedene Beispiele aus der römischen Geschichte.[2])

§ 10.

Vererblichkeit.

Über die passive Vererblichkeit der Privatklageansprüche ist bereits an früherer Stelle gesprochen worden; es bleibt daher nur noch die Erörterung der delicta non privata übrig.

Aus der höchstpersönlichen Natur auch der Vermögensstrafen, welche ja auch das römische Strafrecht kennt,[3]) folgt, daß die auf öffentliche Delikte gesetzten Vermögensstrafen wegfallen, wenn der Täter vor Erhebung der öffentlichen Anklage stirbt.[4]) Deshalb werden Ausnahmen stets besonders hervorgehoben, so insbesondere bei Hochverrat und Majestätsverbrechen, weil hier die Strafe als im Augenblick der Tat eingetreten gilt und das Urteil nur deklaratorisch wirkt.[5]) Vererblichkeit wird ferner ausdrücklich statuiert bei Unterschlagung öffentlicher Gelder und Erpressung.[6]) Bis zu der Konsequenz,

---

1) Culpa enim penes eum est, D. 9, 3, 1, 4. 2) Vgl. Dion. 10, 42.

3) Die Unvererblichkeit der Strafe ist ein Axiom der römischen Moralphilosophie; vgl. vor allem Dion. 8, 40; τὸ ἔθος τοῦτο Ῥωμαίοις ἐπιχώριον γέγονεν ἕως τῆς καθ' ἡμᾶς διατηρούμενον ἡλικίας, ἀφεῖσθαι τιμωρίας ἁπάσης τοὺς παῖδας, ὧν ἂν οἱ πατέρες ἀδικήσωσιν; ferner etwa

Ne culpa nepotibus obstet

Stat. Thebais I.

oder

Crimine quo parvi caedem potuere mereri?

Lucan. de bell. civ. II, 108.

4) D. 48, 4, 11. 48, 9, 8.

5) Vgl. oben S. 97 u. A. 2 das. C. 9, 8, 6pr. und die in Anm. 4 zit.

6) Lex Acil. Z. 29 u. 60 (Bruns S. 64 u. 68); lex Malac. c. 67 (Bruns S. 154). D. 48, 11, 2. 48, 13, 16, 2. C. 9, 27, 2.

daß infolge der Natur der Strafe jede Vererblichkeit, auch die nach dem rechtskräftigen Urteil, ausgeschlossen sein müsse, sind auch die römischen Strafgesetze nicht gelangt, wie sich e contrario aus der Statuierung der Nichtvererblichkeit bis zum Erlaß des Urteils ergibt.

Über den Fall des Selbstmordes und über die erbrechtliche Wirkung der Vermögenseinziehung ist bereits gehandelt worden.

§ 11.

Die Verwendung der entzogenen Vermögensstücke.

I. Konfiskation.

Daß die Konfiskation in ältester Zeit eine consecratio des Täters und seiner Habe zur Besänftigung der beleidigten Gottheit war, ist bereits dargelegt worden. Damit beantwortet sich die Frage der Verwendung eingezogenen Vermögens für jene Zeit von selbst; das betreffende Gut wird zu sakralen Zwecken verwendet.[1] Später behielt der Fiskus das eingezogene Vermögen für sich und verwandte es im öffentlichen Interesse; dies war auch noch der Rechtszustand zur Zeit Justinians, soweit nicht seit der Nov. 134 die Rechte der Angehörigen des Täters vorgingen. Nur vereinzelt finden sich Ausnahmen. So fällt z. B. das Vermögen eines Frauenräubers und seiner Genossen an die entführten freien Frauen;[2] das peculium proskribierter Haussöhne und Sklaven fällt an ihre Gewalthaber;[3] einen je nach der Klasse der vorhandenen Intestaterben wechselnden Teil des Vermögens erhält das Kloster, in welches Eheleute wegen ungerechtfertigter Scheidung gesteckt worden sind.[4] Die Gründe aller dieser Sonderbestimmungen liegen klar auf der Hand.

II. Geldstrafen.

Auch die Geldstrafen fielen ursprünglich der verletzten Gottheit zu, natürlich nur, soweit es sich um delicta non privata

[1] Cicero or. de domo 38. [2] C. 9, 13, 1 f.
[3] C. 9, 49, 1; 3. [4] Nov. 134, 11.

handelt. In späterer Zeit behielt sie dann ebenfalls das Ärar für sich,[1] bis schließlich die Kaiser sie für sich in Anspruch nahmen; in der späteren Zeit ist der Fiskus, d. h. die kaiserliche Privatkasse, ausnahmslos der Empfänger der Strafgelder. Nur auf Grund besonderen Richterspruchs wurden sie in einzelnen Fällen für bestimmte stationes fisci verwendet, so z. B. für die Reichspost oder die Bauverwaltung.[2] Die innerhalb der munizipalen Strafgewalt verhängten Geldstrafen fließen in die Kämmereikasse.[3]

Diese allgemeinen Regeln wiederum erleiden eine Reihe von Ausnahmen. So erhalten z. B. in manchen Fällen der Popularklage der oder die Ankläger[4] die Strafsumme[5] oder wenigstens eine Quote,[6] oder aber eine ganz bestimmte Belohnung, welche der Verurteilte zahlen muß.[7] Zuweilen fällt auch an den vom Delikt Betroffenen ein Bruchteil der Strafsumme.[8]

Die Verwendung der Privatstrafen ergibt sich aus der Natur der Sache; Schwierigkeiten kann höchstens im Einzelfalle die Frage bereiten, wer der Geschädigte und mithin Forderungsberechtigte sei. Die Quellen enthalten für solche und ähnliche Fragen, welche auch bei öffentlichen Delikten auftreten können, zahlreiche detaillierte Vorschriften, die mehr in das Gebiet des Zivilrechts gehören.

III. Einziehung.

Eingezogene Sachen werden grundsätzlich zerstört oder wenigstens vom Fiskus einbehalten. Es finden sich jedoch

---

[1]) So zur Zeit Cäsars, D. 47, 21, 3. [2]) C. 1, 54, 5.

[3]) Lex Malac. c. 66 (Bruns 154).

[4]) Begriffsbestimmung lex Acil. Z. 78 (Bruns 73).

[5]) D. 47, 12, 3pr., nach Mommsens Ansicht (S. 507 A. 1) für die Spätzeit die Regel. Für den Majestätsprozeß vgl Tacit. ann. 2, 32.

[6]) Nach D. 29, 5, 25, 2 u. einer lex rivi incerta (Bruns S. 265): 1/2; nach einer ostischen Inschrift (C. I. L. 14, 110 u. 850): 1/4 (Bruns S. 340). 1/4 scheint auch das Majestätsgesetz dem Ankläger gegeben zu haben, vgl. Tacit. ann. 4, 20: contra M' Lepidus quartam accusatoribus secundum necessitudinem legis . . . concessit; 6, 42, das. ist nur von einem praemium ohne nähere Angabe die Rede.

[7]) D. 29, 5, 25pr., 1. Vgl. Tacit. ann. 16, 33. [8]) C. 1, 51, 3, 1.

Fälle, in denen der betreffende Gegenstand einem Dritten zu Eigentum übertragen wird, allerdings damit dieser davon im allgemeinen Interesse Gebrauch mache; so fallen z. B. zuweilen Gotteshäuser verbotener Religionsgesellschaften der rechtgläubigen Kirche zu.[1])

§ 12.

Begnadigung.

Die Begnadigung kommt für uns nur insoweit in Betracht, als sie für die materielle Gestaltung der Geldstrafe von Bedeutung ist. Eine solche zeigt sich insbesondere in älterer Zeit. Solange die Strafe einen sakralen Charakter hatte, erschien eine Begnadigung als Versagung des der Gottheit zustehenden Rechtes; trat sie wirklich ein, so mußte die Gottheit deswegen versöhnt werden; die Kosten hatte der Schuldige zu tragen.[2]) Das fiel natürlich in späterer Zeit weg, und in der Kaiserzeit wird von dem Institut der Begnadigung ein außerordentlich weitgehender Gebrauch gemacht. So insbesondere bei den schweren Strafen der Deportation und Relegation, welche ja die Konfiskation des Vermögens zur Folge hatten bezw. haben konnten. Schwierigkeiten bereitet in diesen Fällen die Frage, wie es sich bei der Begnadigung derartiger Verurteilter mit dem ihnen entzogenen Vermögen verhalte. Die Antwort ergibt sich aus der Natur der Konfiskation als auf Gesetz beruhender Universalsukzession. Ist diese einmal eingetreten, so bedarf es eines ausdrücklichen contrarius actus, um ihre Wirkungen wieder aufzuheben. Deshalb wird in den Quellen bestimmt, daß der Rückfall des Vermögens nur kraft ausdrücklicher Bestimmung eintrete.[3]) Die Folge davon ist, daß auch erst in diesem Momente die persönlichen Schuldverbindlichkeiten des Verurteilten wieder aufleben[4]), und zwar ganz oder im Verhältnis der zurückgegebenen Ver-

---

[1]) C. 1, 5, 3pr.; 8, 4. 1, 9, 12, 1.

[2]) Vgl. den Fall des Schwesternmörders Horatius b. Livius 1, 26.

[3]) D. 48, 23, 2. C. 9, 51, 2. [4]) D. 48, 23, 2; 3. C. 9, 51, 12.

mögensquote.[1]) Daran kann auch die Möglichkeit nichts ändern, daß der Verurteilte evtl. inzwischen ein größeres Vermögen erworben hat, als ihm ursprünglich entzogen worden war.[2]) Entsprechendes gilt für die seinerzeit untergegangenen Ansprüche des Begnadigten.[3])

In gleicher Weise erhält auch ein Verurteilter, der in integrum restituiert wird, nicht schon auf Grund dieses Gnadenaktes eine etwa gezahlte Geldstrafe zurück,[4]) vielmehr ist ein spezieller Ausspruch dazu nötig.

Die magistratischen Multen können, wie sie im Verwaltungswege auferlegt werden, so auch nach diskretionärem Ermessen gemildert oder erlassen werden.[5])

Läßt nun die Art und Weise der Gestaltung und Verwendung der Vermögensstrafen im römischen Recht einen festen Plan oder ein System erkennen? Wir glauben nicht, diese Frage bejahen zu können. Es ist zwar die grundsätzliche Behauptung aufgestellt worden, daß die Vermögensstrafen im Strafensystem wenigstens der älteren Zeit die bestimmte Stellung als Strafmittel der Privatdelikte gehabt hätten.[6]) U. E. gilt das mit absoluter Gewißheit für keine Epoche der römischen Rechtsgeschichte. Denn wenn sich auch vielleicht nicht gerade stets die Kapitalstrafe bei Privatdelikten (was u. a. aber auch noch keineswegs feststeht) findet, so findet sich doch in allen Perioden des römischen Strafrechts die Vermögensstrafe in gewissen leichten Fällen des crimen publicum. Auf dem Gebiet der crimina publica verwischen sich die prinzipiellen Gegensätze zwischen der Kapital- und Vermögensstrafe als Strafmittel überhaupt; das zeigen vor allem die Fälle, in denen man aus offenbar rein opportunistischen Erwägungen heraus der Androhung der Kapitalstrafe gegenüber reicheren Personen die Androhung übermäßiger Vermögenstrafen hinzufügte. Aber auch die Art und

[1]) C. 9, 51, 3. [2]) C. 9, 51, 4. [3]) C. 9, 51, 5.

[4]) D. 48, 14, 1, 2.

[5]) Vgl. Tacit. ann. 13, 28 (Einspruch binnen 4 Monaten); D. 49, 3, 2. Lex Malac. c. 66 (Bruns S. 154).

[6]) Mommsen S. 906.

Weise der Gestaltung und Bemessung der Vermögensstrafen im einzelnen läßt zwar vielleicht hier und da verständige und praktische Nützlichkeitserwägungen, nicht aber eine systematische und theoretische Differenzierung nach höheren Gesichtspunkten erkennen. Nur vereinzelte theoretische Sätze haben wir mit einiger Zuverlässigkeit herauslesen können, wie zB. die, daß die fixen Strafen bei fixem oder unschätzbarem Schaden oder bei Auftreten eines Nichtinteressierten, die arbiträren oder gemischt-arbiträren bei variablem Schaden oder bei Klagen Interessierter eintreten — zweifellos eine durchaus logische Lösung. Eine Betrachtung der Tabelle der fixen Strafen gestattet — vielleicht — den Schluß, daß die Strafen bis zu 50 aurei nur innerhalb des Verwaltungs- und Polizeistrafrechts verwendet wurden; aber gerade bei einer Gruppierung der Zahlen muß man u. E. angesichts der Unmöglichkeit, eine absolut vollständige Tabelle aller Strafandrohungen zu gewinnen, besonders vorsichtig sein. Über die, bei den einzelnen Materien entwickelten, vereinzelten theoretischen Sätze hinaus lassen sich u. E. die Spuren einer umfassenden theoretischen Durchdringung und Verarbeitung der Lehre von den Strafmitteln im römischen Recht für das Gebiet der Vermögensstrafen nicht nachweisen. Und das ist nicht weiter verwunderlich; denn ein wohlgefügtes und bis ins einzelne vervollkommnetes Strafensystem läßt sich nur auf der festen Grundlage einer bestimmten Strafrechtstheorie aufbauen. Nur der Gesetzgeber, welcher sich über Zweck und Aufgabe der Strafe und des Strafrechts eine feste Meinung gebildet hat, wird auch bei der Auswahl und Gestaltung seiner Mittel planvoll und systematisch vorgehen. Fehlt eine solche Grundlage, so mag zwar im einzelnen das Richtige getroffen, es können manche, ja vielleicht überwiegend praktische und brauchbare Maßregeln ausgewählt sein, aber ein organischer Aufbau eines Strafensystems wird sich in einem derart entstandenen Gesetzbuch nicht nachweisen lassen, und der Versuch, höhere und allgemeinere Gesichtspunkte aus der positivrechtlichen Gestaltung zu gewinnen, wird ein vergeblicher sein. Ein Werturteil über derartige Gesetze und Gesetzgeber zu fällen, ist hier nicht unsere Aufgabe. Wir beschränken uns auf die Feststellung, daß der positivrechtlichen Gestaltung der römischen Vermögensstrafen eine bestimmte Strafrechtstheorie nicht zugrunde liegt, wie eben überhaupt dem überlieferten römischen Strafrecht nicht. Zu einer theoretischen Vertiefung dieses Problems ist die römische Rechtswissenschaft nicht gelangt. Wohl finden sich, in der Literatur zerstreut, zahllose Einzeläußerungen; aber so viel Äußerungen, so viel Meinungen. Die Juristen und Gesetzgeber führen bunt durcheinander die verschiedensten Strafzwecke an: Vergeltung,[1]) Besserung,[2]) Spezialprävention,[3]) Generalprävention.[4]) Ebenso divergieren die Philosophen; Seneca spricht zugleich von Besserung, Schutzzweck und Prävention;[5]) Gellius von Besserung, Schutz des Verletzten und Abschreckung.[6]) Politiker wie Cicero betonen die realen Forderungen des Opportunismus und Staatsinteresses,[7]) während die Dichter naturgemäß das Postulat der ausgleichenden Gerechtigkeit, insbesondere durch Hervorhebung des Talionsgedankens, in den Vordergrund stellen.[8]) Kurz, die Frage nach dem Grunde und dem Zweck der Strafe ist eine von denen, in welchen die bedeutendsten Geister Roms über das Stadium der Problemstellung nicht allzuweit hinausgelangt sind. Die Rückwirkung zeigt sich im

---

[1]) D. 48, 19, 28, 15: solacium cognatis et adfinibus interemptorum (Callistratus).

[2]) C. 48, 19, 20 (Paulus): vgl. Nov. 12, 1.

[3]) D. 48, 3, 6, 1 i. f. (Marcian); C. 6, 2, 20, 1 i. f.

[4]) D. 48, 19, 20, 3; 15 (Callistratus). 16, 3, 31 pr. (Tryphonin). C. 9, 27, 1.

[5]) De clem. I, 22; de ira 1, 16.

[6]) Noct. att. 7, 14, 1—4. [7]) De off. I, 25 u. 3, 5.

[8]) Man vgl. z. B. den von Phädrus an die Spitze der 26. Fabel des 1. Buches gestellten Satz:

Nulli nocendum; si quis vero laeserit,
Multandum simili iure

und zum Schluß die moralische Nutzanwendung:

Sua quisque exempla debet aequo animo pati.

oder Ovid:

Neque enim lex aequior ulla est
Quam necis artifices arte perire sua,
Ars amat. I, 656.

und Plautus:

Tu contumeliam alteri facias, tibi non dicat?
Asin. II, 489 = II, 4, 82.

römischen Strafrecht notwendig in dem Mangel einheitlicher Grundgedanken über die Anwendung und Gestaltung der Strafmittel. Man merkt den Strafmitteln des römischen Rechts deutlich an, daß sie sich allmählich historisch, unter der steten Einwirkung verwickelter politischer und religiöser Verhältnisse, im dauernden Kampfe der Staatsgewalt mit einer sprungweise emporschnellenden Kriminalität in allen Schichten der Bevölkerung, zu dem entwickelt haben, als was sie sich in den Quellen schließlich darstellen; und diese Entwicklung wurde natürlich weit mehr durch die realen Forderungen der täglichen Praxis, durch die wiederholte Notwendigkeit der Schaffung von Ausnahme- und Gelegenheitsgesetzen, als durch die etwaigen Forderungen einer rechtsphilosophischen oder ethischen Erwägungen zugänglichen Theorie beeinflußt; von des Gedankens Blässe waren die Entschließungen von Roms Gesetzgebern nicht angekränkelt. Und so bietet die Lehre von den römischen Vermögensstrafen dem Praktiker wohl eine Fülle belehrender und interessanter Gesichtspunkte; die theoretische Ausbeute ist eine verhältnismäßig geringe. Eine bestimmte Theorie der Verwendung und Gestaltung vor allem läßt sich aus den Quellen nicht ableiten — weil eben eine solche nicht bestanden hat und mangels allgemeiner rechtsphilosophischer Grundlage auch nicht bestehen konnte.

Druck von Georg Reimer in Berlin.

FSC
www.fsc.org
MIX
Papier | Fördert
gute Waldnutzung
FSC® C083411

Kolibri 360 GmbH
Ferdinand-Jühlke-Straße 7
99095 Erfurt, Deutschland
produktsicherheit@kolibri360.de